COLEÇÃO
TEMAS & EDUCAÇÃO

Antropologia & Educação

Gilmar Rocha
Sandra Pereira Tosta

Antropologia & Educação

2ª Edição
2ª reimpressão

autêntica

Copyright © 2009 Os autores

COORDENADOR DA COLEÇÃO TEMAS & EDUCAÇÃO
Alfredo Veiga-Neto

CONSELHO EDITORIAL
Alfredo Veiga-Neto – UFRGS, *Carlos Ernesto Noguera* – Univ. Pedagógica Nacional de Colômbia, *Edla Eggert* – UNISINOS, *Jorge Ramos do Ó* – Universidade de Lisboa, *Júlio Groppa Aquino* – USP, *Luís Henrique Sommer* – Unisinos, *Margareth Rago* – UNICAMP, *Rosa Bueno Fischer* – UFRGS, *Sílvio D. Gallo* – UNICAMP

EDITORAÇÃO ELETRÔNICA
Luiz Flávio Pedrosa

REVISÃO
Ana Carolina Lins Brandão

EDITORA RESPONSÁVEL
Rejane Dias

Revisado conforme o Acordo Ortográfico da Língua Portuguesa de 1990, em vigor no Brasil desde janeiro de 2009.

Todos os direitos reservados pela Autêntica Editora. Nenhuma parte desta publicação poderá ser reproduzida, seja por meios mecânicos, eletrônicos, seja via cópia xerográfica, sem a autorização prévia da Editora.

Dados Internacionais de Catalogação na Publicação (CIP)
(Câmara Brasileira do Livro)

Rocha, Gilmar

Antropologia & Educação / Gilmar Rocha & Sandra Pereira Tosta . – 2. ed., 2. reimp – Belo Horizonte : Autêntica Editora, 2024. – (Coleção Temas & Educação; 10)

Bibliografia.
ISBN 978-85-7526-397-6

1. Antropologia educacional 2. Educação multicultural I. Tosta, Sandra Pereira. II. Título. III. Série.

09-04394   CDD-306.43

Índices para catálogo sistemático:
1. Antropologia educacional 306.43

GRUPO AUTÊNTICA

Belo Horizonte
Rua Carlos Turner, 420
Silveira . 31140-520
Belo Horizonte . MG
Tel.: (55 31) 3465-4500

São Paulo
Av. Paulista, 2.073,
Horsa I Sala 309 . Bela Vista
01311-940 . São Paulo . SP
Tel.: (55 11) 3034-4468

www.grupoautentica.com.br
SAC: atendimentoleitor@grupoautentica.com.br

Aos meus pais, *in memoriam*.
Gilmar Rocha

Aos meus filhos, Thiago e Filipe,
e à minha neta, Maria Clara.
Sandra Pereira Tostá

[...] aquele que apenas conhece a sua terra
arrisca-se sempre a confundir cultura e natureza,
a erigir o hábito em norma,
a generalizar a partir de um único exemplo
que é ele mesmo.

Tzvetan Todorov

Sumário

Algumas palavras sobre a cultura e a educação
Carlos Rodrigues Brandão..11

Introdução à antropologia como educação.........................17

Capítulo I – A modernidade da antropologia.......................21
   Mito de fundação...21
   A herança iluminista e a crítica romântica......................23
   As ciências do homem no século XIX..............................28
   A antropologia social em tempos de guerra....................33
   A crítica cultural da antropologia....................................41
   A antropologia da criança e da educação........................45

Capítulo II – O sentido da etnografia...................................51
   Fenomenologia do conhecimento....................................51
   Ocularcentrismo..55
   O olho do furacão...59
   A arte de viajar...64
   A educação dos sentidos..69
   Uma experiência indisciplinada.......................................74

Capítulo III − Cultura como teoria e método........................79
   Cultura e educação...79
   Cultura e paradigma...85
   Cultura e história..87
   Cultura e estrutura..94
   Cultura e personalidade..101
   Cultura e invenção..107

Capítulo IV − Antropologia e educação...........................113
   Caminhos cruzados...113
   A interdisciplinaridade como vocação.......................115
   Superando a distância...121
   O culturalismo no Brasil...126
   A educação como cultura...131
   Do cotidiano da educação para a educação do cotidiano.......136

Fontes multimídia..141

Referências..153

Sobre os autores...158

Algumas palavras sobre a cultura e a educação

Carlos Rodrigues Brandão

Não somos seres humanos porque somos racionais. Essa ideia proveniente de filósofos do passado e que até hoje com frequência é lembrada para nos qualificar pode ser correta, mas não é completa nem a melhor. Somos humanos porque, ao contrário dos outros seres com quem compartimos a experiência da vida no planeta Terra, somos seres que se alçaram do sinal ao signo e dele ao símbolo. E por esse caminho aparentemente simples, mas sinuoso, e que custou aos nossos ancestrais poucos milhões e muitos milhares de anos, somos também seres que saltaram do mundo da natureza – de que ainda somos parte e do qual ainda dependemos bastante – para o mundo da cultura. "Somos seres naturais", lembra Karl Marx em algum de seus momentos, "mas somos naturalmente humanos", completa ele. O que significa que sobre a natureza que nos é dada, construímo-nos a nós mesmos e aos nossos mundos. Por esse caminho nascemos um indivíduo biológico e nos tornamos – na medida em que somos socializados em uma cultura – pessoas sociais.

O suporte material disto em que se lê estas palavras – uma folha branca de papel... espero, reciclado – foi um dia parte natural de uma árvore. Por uma série de transformações (algumas delas lastimáveis) veio a ser um artefato cultural apto a receber letras. Natureza intencionalmente transformada em cultura. E as palavras que escrevi na tarde de um dia, e que você lê agora, são fragmentos de um dos muitos alfabetos que a espécie humana soube criar e transformar. Sistemas arbitrários de signos que, reunidos de diferentes formas uns aos outros, geram sílabas, fonemas, palavras e, afinal, frases. Geram dizeres que contêm e transportam feixes de símbolos, de sentidos, de saberes, de significados, de sensibilidades e de sociabilidades.

Mas não somos humanos apenas porque somos racionais ou simbólicos. Somos humanos porque somos seres "aprendentes". Os animais pertencem ao primado do condicionamento genético, da instrução, do treinamento, do adestramento, e esses são os limites de seu aprendizado. Nós, os humanos, somos seres disso tudo também. Mas, para além "disso tudo", somos seres de algo bem mais complexo. Algo que ao longo da história foi recebendo nomes como capacitação, educação, formação humana. Afinal, os animais sabem e sentem. E nós sabemos e sentimos. Mas a diferença está em que nós sabemos que sabemos, e nos sabemos sabendo (ou não sabendo); e nos sentimos sabendo e nos sabemos sentindo.

A relação entre a educação e a cultura é, portanto, mais do que apenas próxima. Ela é absolutamente íntima, interativa, inclusiva. Muitas vezes, tal como acontece em outras áreas de práticas sociais vizinhas – como a saúde, a comunicação, a ação ambiental, etc. – costumamos separar "a parte do todo". E, assim, pensamos, por exemplo, que a educação, a pedagogia, o ensinar-e-aprender possuem uma relativa ou mesmo uma ampla autonomia. Essa será a razão pela qual em todo o mundo tardamos tanto em compreender o que a educação é – como tudo o mais que é humano e é criação de seres humanos – uma dimensão, uma esfera interativa e interligada com outras, um elo ou uma trama (no bom sentido da palavra) na teia de símbolos e saberes, de sentidos e significados, como também de códigos, de instituições que configuram uma cultura, uma pluralidade interconectada (não raro, entre acordos e conflitos) de culturas e entre culturas, situadas em uma ou entre várias sociedades.

Nos últimos anos estamos recuperando esse "esquecimento", e toda a discussão mundial ao redor das "diferenças culturais", da "educação inclusiva", do "multiculturalismo", do "direito à diferença" representam apenas uma parcela de um tardio, mas sempre oportuno reencontro entre a educação e a cultura. Logo, entre a antropologia e a pedagogia, compreendida aqui como a ciência da educação.

E a própria antropologia defronta-se desde alguns anos com a reflexão crítica de sua parte de responsabilidade em tudo isso. Na verdade, se tomarmos os livros clássicos dos "pais fundadores" da moderna antropologia, de Franz Boas a Bronislaw Malinowski, e deles a Radcliffe-Brown e a Edmund Leach ou a Ruth Benedict, veremos nos índices onomásticos ao final de cada livro que o verbete "educação", assim como os seus derivados ou próximos, aparece em segundo plano. Durante muito tempo, enquanto a antropologia ignorava as formas nativas ou populares de educação de suas crianças e jovens, a educação a eles dirigida procurava civilizá-los, tornando-os uma meia figura híbrida e marginalizada, "nem ainda um índio e nem já um branco".

Em parte, isso se deve ao fato de que uma primeira antropologia – e a de hoje em dia também, em boa medida – foi quase insensível ao mundo de crianças e de adolescentes, a não ser em momentos de estudos de ritos de passagem. Nesse sentido, a obra de Margareth Mead é uma salutar exceção. Em parte porque a antropologia que nos formou foi, em sua maior escala, praticada com sociedades e comunidades tribais ou populares de territórios e nações por muito tempo submetidos ao poder do colonialismo europeu. Eram povos "subordinados", "colonizados", "primitivos" e "selvagens", antes de mais nada.

De outro lado ainda de nossa questão, a formação de uma educadora, de um educador, passava por diferentes disciplinas centrais ou afluentes da pedagogia, da história da educação, ao lado de algumas esparsas psicologias centradas na questão da aprendizagem. Uma formação precária em sociologia da educação completava o quadro.

Não devemos esquecer que bem antes de haver sido descoberta pela academia, pela pedagogia das universidades e pela própria antropologia a relação entre a educação e a cultura foi descoberta e fortemente enfatizada pelos movimentos de cultura popular da década de 1960. Uma releitura dos trabalhos de Paulo Freire seria aqui um exercício de justificada revanche da memória. E gosto de lembrar que eu mesmo trabalhei no Movimento de Educação de Base-MEB. Nele, já em 1962, líamos Leslie White e outros antropólogos de então. E o MEB, ao que eu saiba, foi a primeira instituição dedicada à educação a contratar um profissional da antropologia para o seu quadro de educadores.

No momento presente, assistimos a uma feliz inversão do quadro esboçado linhas acima. Nunca como agora a educação e a pedagogia abriram-se – em tempos de teorias e propostas de multiculturalismo, de holismo e de transdisciplinaridade – a todos os campos do saber e da ciência com os quais ela estabelece um diálogo que, em todas as suas dimensões, a fertiliza internamente, e a aprofunda, e a estende de forma interativa e conectiva. Tal como sempre acontece com pessoas, sociedades, artes e ciências, a educação descobre o seu verdadeiro rosto ao deixar de olhar-se e ao procurar ver-se entre e através de outros rostos.

Precisamos com urgência compreender não apenas educandos – crianças, adolescentes, jovens e adultos – em suas dimensões e com os seus rostos mais individuais e individualizados – o que sempre foi e segue sendo algo de suma importância –, mas também como sujeitos sociais e enquanto atores culturais. Saber vê-los e os compreender como pessoas que trazem à escola as marcas identitárias de seus modos de vida e das culturas patrimoniais de suas casas, famílias, parentelas, vizinhanças comunitárias, grupos de idade e de interesse. Meninos e meninas que "são quem são" ou que "são como são" porque habitam mundos culturais que o mundo escolar tendeu durante muito tempo a invisibilizar, ou a perceber de longe, envolto em uma confusa penumbra.

Precisamos também compreender que a escola ou qualquer outra instituição pedagógica, tal como as políticas públicas de educação e tudo o mais que configura o lugar essencial do ensinar-e-aprender, existem dentro de redes e teias de símbolos, de significados, de instituições sociais, de formas (evidentes ou camufladas) de poder e assim por diante.

Mais do que nunca vivemos um tempo em que tudo o que nos envolve, do berço à cova, existe em um plano da realidade intensa e intimamente interconectado com outras esferas, com outras dimensões da própria vida social cotidiana. Logo, com tudo o que, dentro e fora da escola e dos domínios da educação, tem a ver com feixes de saberes, de sentidos de vida, de significados para o mundo, de gramáticas culturais e de opções de identidade e de destino.

E uma das maiores (e eternas) polêmicas entre educadores e entre eles e outras pessoas motivadas ao estudo da pessoa, da sociedade e da cultura está contida na pergunta: "e agora, no presente e complexo momento de história que compartimos, qual a função, a missão e o alcance da educação?". Buscar respostas a essa e a outras perguntas derivadas olhando apenas o mundo que vai dos portões da escola para dentro, ou da mente dos estudantes para a sensibilidade da pessoa que (também) estuda pode ser um bom começo. Mas situar-se apenas nele é, hoje, justamente um deixar-se ficar "no começo do caminho".

Na introdução a *Antropologia & Educação*, os autores Gilmar Rocha e Sandra Pereira Tosta lembram ao leitor que o propósito do livro, escrito no intervalo entre a antropologia, a filosofia, a história e a educação, é trazer "uma pequena contribuição para ampliação do significado da antropologia como forma de educação". Seus quatro capítulos vão além da modesta proposta que motiva a sua escritura. O livro reúne capítulos cujos títulos "A modernidade da antropologia"; "O sentido da etnografia"; "Cultura como teoria e método" e "Antropologia e Educação" são um convite extremamente convincente e equilibrado a um diálogo entre a cultura e a educação. Logo, a uma reflexão no intervalo entre uma e outra. Seu alcance é, na realidade, algo mais amplo e arrojado do que o propósito apresentado na "Introdução à antropologia como educação" que, ao ver de seus autores, "tem como objetivo discutir questões cruciais para a educação e a escola, portanto, para alunos, professores, gestores, pesquisadores e formuladores de políticas públicas que pensam a diferença cultural como dimensão presente no cotidiano do mundo escolar e incidindo sobre aprendizagens, currículos, avaliações, formação docente, etc."

Pois as "questões cruciais" envolvem uma reflexão sobre a cultura, sobre suas relações com o "trabalho de aprender", com a antropologia e algo de sua história e de suas variantes. Assim, bem distante de ser mais um manual, como os que hoje em dia lastimavelmente proliferam em todas as áreas, entre receitas fáceis e métodos de trabalho superficialmente apresentados e operacionalmente discutíveis, o que se lerá em *Antropologia & Educação* são questões que convidam, primeiro, a um conhecimento ainda distante da imensa maioria dos educadores e, depois, a uma reflexão alargada a respeito de suas próprias ideias e práticas.

Assim, *Antropologia & Educação* evita tanto o ser "um manual", quanto evita limitar-se a questões situadas entre a didática de sala de aulas e a política da educação. A respeito dessas questões – o direito à diferença, o multiculturalismo, a diversidade cultural, a educação inclusiva – temos já uma diversidade de bons trabalhos, em Português e em outras línguas.

Antropologia & Educação deve ser lido – e refletido –, portanto, como uma espécie de densa e fecunda leitura prévia a tais questões. Talvez esse deva ser o sentido das "questões cruciais" prenunciadas já no primeiro parágrafo da obra. Um trabalho motivado pelo espírito pedagógico que se completa com uma proveitosa indicação de livros e outras fontes destinadas a quem, desafiado pela leitura dos capítulos de seus autores, queira ensaiar outros passos. Passos que em uma leitura cruzada, aberta e multicultural ajudam a conduzir quem educa – sem deixar de desejar estar sempre aprendendo – do "começo do caminho" até pelo menos "um pouco mais perto do seu final".

Rosa dos Ventos – Sul de Minas
Verão de 2009

Introdução à antropologia como educação

Ao revermos este livro para sua segunda edição, podemos reafirmar nossa certeza de que ele representa uma valiosa contribuição para ampliação do significado da antropologia em diálogo com a educação. Nosso objetivo permanece o mesmo, ou seja, discutir questões cruciais para a educação e a escola, portanto, para alunos, professores, gestores, pesquisadores e formuladores de políticas públicas que pensam a diferença cultural como dimensão presente no cotidiano do mundo escolar e não escolar, incidindo sobre aprendizagens, currículos, avaliações, formação docente, formação de educadores etc. Some-se a isso, a dimensão da cultura como instituinte do mundo do humano presente nos PCNs (Parâmetros Curriculares Nacionais), especialmente no tema da "Pluralidade Cultural" etc., daí a sua relevância pedagógica.

A antropologia é uma forma de educação bem como a educação escolar (e não escolar) pode ser mais bem qualificada quando pensada e praticada com as contribuições do conhecimento antropológico. Eis o pressuposto a partir do qual apresentamos aos profissionais da educação (professores e gestores de todas as modalidades de ensino, especialmente os formadores de professores, formuladores de políticas públicas, agentes sociais que trabalham com projetos socioeducativos) e aos estudantes das licenciaturas e de outras áreas em geral, a maneira como pensamos a antropologia. A Antropologia não é somente uma disciplina acadêmica capaz de fornecer uma explicação sobre as representações da alteridade e/ou as práticas do "outro", antes é uma forma de produzir um sentido humanista às nossas experiências no mundo da vida cotidiana. Assim, pela sua "natureza" e vocação interdisciplinar, na medida em que visa apreender o "homem total", segundo a feliz expressão de Marcel Mauss (2003), a antropologia exige de nós uma atitude educativa aberta ao aprendizado, à curiosidade, à criatividade e ao diálogo. Com efeito, antes de ensinar, cabe ao antropólogo e ao estudante de antropologia querer aprender.

Aprender é sempre mais difícil do que ensinar, pois é preciso disposição para reavaliar conceitos, práticas, modelos e teorias. É preciso se consentir e querer se "reeducar". A especificidade da antropologia reside no fato de, por meio do trabalho de campo, o antropólogo passar por um processo constante de "reeducação". Evidentemente, isto não exclui o aprendizado a partir da análise de outros estudos antropológicos. A diferença é que, no trabalho de campo, embora a experiência etnográfica seja sempre motivo de muitas controvérsias, o antropólogo tem a oportunidade de aprender com a alteridade- reconhecendo no outro, o significado de humanidade, além de poder realizar a boa etnografia. Assim, nas palavras do antropólogo Roberto DaMatta,

> em Antropologia, é preciso recuperar esse lado extraordinário e estático das relações pesquisador/nativo. Se este é o lado menos rotineiro e o mais difícil de ser apanhado da situação antropológica, é certamente porque ele se constitui no aspecto mais humano da nossa rotina (1987, p. 173).

Neste momento, além de vivermos, então, de maneira densa e dramática a nossa própria experiência de aprendiz, somos colocados à prova por nossos próprios "objetos" de estudos, ou seja, os nossos anfitriões. Assim, tanto do ponto de vista teórico quanto metodológico, o antropólogo se vê na obrigação de repensar, reavaliar, reinterpretar suas próprias experiências e representações, além de aprender com a diferença do "outro".

Com efeito, podemos aprender com a própria história da antropologia. Tal é o objetivo do primeiro capítulo, na medida em que destaca a constituição moderna da antropologia, sua herança humanista e suas transformações de sentido ao longo do século XX, com destaque especial para a educação infantil. O segundo capítulo explora do ponto de vista epistemológico (do conhecimento) a função pedagógica inscrita na experiência etnográfica na prática do trabalho de campo antropológico. A fenomenologia do olhar como parte do processo de construção do olhar antropológico tem importância capital neste momento. A Cultura entendida como teoria e método constitui-se objeto de reflexão privilegiada à luz de algumas das principais abordagens desenvolvidas pela antropologia ao longo do tempo. Assim, os modos como as perspectivas evolucionista, difusionista, estrutural--funcionalista, estruturalista, culturalista e interpretativista analisam a cultura é o objeto do terceiro capítulo. Por fim, a reflexão desenvolvida no último capitulo, não contrariando o princípio defendido nesta introdução de que a antropologia é uma forma de educação bem como a boa educação exige uma prática antropológica, pretende contribuir para a constituição da relação "Antropologia e Educação" enquanto campo especial de investigações no contexto da sociedade brasileira contemporânea. Embora os capítulos formem um todo, coerente e integrado, cada qual pode ser lido separadamente garantindo assim sua relativa autonomia.

Em suma, pode-se dizer, este livro constitui uma introdução à antropologia como educação, ou seja, se pretende um instrumento capaz de somar para um ensino mais humanista, melhor e mais eficiente no cenário das instituições formadoras (públicas e privadas) no Brasil hoje, em todas as modalidades de educação. Momento em que o país passa por um processo de culturalização e onde a educação e a própria cultura são usadas como mecanismos de desenvolvimento social e transformação política da sociedade.

Neste sentido, nos parece bastante oportuna a proposta deste livro considerando tratar-se de uma pequena contribuição para a formação de uma "educação antropológica" capaz de, efetivamente, ampliar o sentido da educação ultrapassando as fronteiras da escola formal, bem como repensando o campo das relações institucionais e não-institucionais entre professores, estudantes, gestores escolares, agentes administrativos, considerando, ainda, o contexto no qual a escola se situa. Temos sempre como pressuposto que educação e escola, assim como todos os seus sujeitos, se constituem nas múltiplas interações que são estabelecidas cotidianamente. Sejam interações marcadas por relações de reciprocidade ou de disputa.

O estudo da antropologia é também uma forma de educação na medida em que aprendemos com os outros nos convida a ver no outro e suas diferenças, muitas vezes, formas alternativas de sociabilidade ou de resolução de conflitos entre os homens. Quem sabe assim, nos possibilitando uma maior abertura (visual, dialógica, intelectual, cognitiva e afetiva) para enfrentar os problemas da vida cotidiana. Neste sentido, considerando os desafios vividos na educação, escolarizada ou não, como os fenômenos sociais totais, ao mesmo tempo sociais, culturais, morais, econômicos, políticos, pode-se tomar emprestado ao antropólogo Marcio Goldman a sua observação acerca da política como sendo válida para o campo da educação, posto que é

> estritamente necessário passar a encarar as práticas nativas (discursivas e não-discursivas) sobre os processos políticos dominantes como verdadeiras teorias políticas produzidas por observadores suficientemente deslocados em relação ao objeto para produzir visões realmente alternativas, e usar essas práticas e teorias como guias para a análise antropológica (2006, p. 37-38).

O que nos leva a reafirmar o princípio segundo o qual a antropologia deve ser pensada como uma forma de educação bem como a educação pode ser vivida como uma prática antropológica.

Capítulo 1

A MODERNIDADE DA ANTROPOLOGIA

Mito de fundação

Estabelecer a origem de uma ciência é, até certo ponto, lugar comum. Nessa perspectiva, a antropologia não foge à regra e, por isso mesmo, não foge à crítica. Quando vista fora do contexto social e histórico em que, efetivamente, se instituiu como disciplina científica, a antropologia corre o risco de não se deixar compreender (afinal, qual a sua importância sociológica no quadro das ciências sociais e humanas?) e, ao mesmo tempo, não poder explicar seu significado e diferença (portanto, qual a sua relevância histórica?).

Quanto às origens "míticas" da antropologia, há quem veja em Heródoto, o "Pai da História", também o "Pai da Etnografia". A justificativa para essa dupla paternidade decorre da confusão feita entre a maneira como Heródoto fez História e a maneira do que hoje os antropólogos chamam Etnografia. Para Jean-Marie Auzias (1978, p. 13, grifo nosso), Heródoto pode ser considerado o "pai da antropologia" porque:

> O fundador do estudo dos sistemas culturais é Heródoto. Nunca se dirá o quanto esse bom historiador compensa, a nossos olhos, certos defeitos da sociedade grega. Afirma-se sua curiosidade, seu interesse pelas diversidades humanas como se estas fossem qualidades especiosas. Mas sua curiosidade torna-o um verdadeiro gênio investigador. Unindo teoria e prática, ele viaja e documenta-se. *Esse grego de Halicarnasso intitula sua obra de Inquérito. Na verdade, ele funda a Antropologia por meio de um grande número*

de diligências que fazem de seu inquérito um verdadeiro manual de Antropologia regional da Antiguidade. Viaja pelo Egito, Pérsia, Lídia. Conta as fábulas admiravelmente, dando também títulos de nobreza ao estudo da tradição oral. Aproxima mitos entre si, o que é uma Etnologia comparada bem compreendida. Consulta fontes, documentos, monumentos e pessoas. É um homem de missão cumprida. Que importa seus erros ao lado deste legado do mais antirracista dos gregos? Tudo o interessa.

Assim como Heródoto, viajantes, cronistas, administradores coloniais, missionários e militares também deixaram registros importantíssimos acerca da vida e dos costumes de outros povos ao longo do tempo. Isso em um período em que ainda não existia "oficialmente" a figura do antropólogo. Somente no limiar do século XX, através do trabalho de campo, a antropologia se afirmaria gradativamente como um novo campo de conhecimento científico. A experiência etnográfica de Bronislaw Malinowski (1884-1942), com os Trobriandeses, na Nova Guiné, durante o período da Primeira Guerra, foi parcialmente descrita no clássico *Argonautas do Pacífico Ocidental*, originalmente publicado em 1922. Na verdade, para muitos esse texto etnográfico pode ser visto como um "mito de fundação" da antropologia moderna, na medida em que "canonizou" um novo modo de escrita e método de pesquisa antropológica. Desde os anos 1920, tem servido de modelo e fonte de inspiração para o trabalho de campo, não sendo exagero dizer que a experiência etnográfica tornou-se a partir de então sinônimo de "observação participante".[1]

---

[1] Também é comum certa confusão em torno dos termos etnografia, etnologia e antropologia. Seguindo as observações do antropólogo Claude Lévi-Strauss em sua *Antropologia estrutural* (1967), a etnografia pode ser vista como a observação sistemática e particular de um grupo social, ao passo que a etnologia, termo em desuso na tradição anglo-saxã, representa um momento posterior da análise do grupo social, cuja característica principal é a comparação dos fenômenos sociais e culturais a partir dos dados fornecidos pelas etnografias. Esses procedimentos ou momentos constituem o que Lévi-Strauss entende ser o ofício do antropólogo, portanto, o que caracteriza a antropologia social e cultural.

No entanto, não se pode deixar de mencionar as relevantes contribuições de outros antropólogos nesse processo. Antropólogos como Franz Boas (1858-1942) e William Rivers (1864-1922) anteciparam em alguns anos à Malinowski na prática do trabalho de campo. E mesmo um antropólogo como Marcel Mauss (1872-1950), embora não tenha realizado o trabalho de campo no sentido estrito do termo, produziu obra etnográfica de maior relevância, tendo como objeto de análise sua própria sociedade (Rocha, 2006).

A partir de então, a antropologia passou a desenvolver seus próprios relatos, teorias e métodos, sem deixar também de questioná-los. Na verdade, as práticas e os discursos da antropologia não se limitam somente à compreensão e interpretação do outro, do nativo, do selvagem, do primitivo, que habita as longínquas terras das florestas tropicais ou as montanhas e/ou desertos da África e Ásia, mas culmina por refletir sobre o próprio campo da antropologia. Desde os problemas relativos às teorias, aos métodos, aos objetos, aos relacionados a autoria, autoridade, legitimidade, criação, estilo narrativo dos textos antropológicos.

A herança iluminista e a crítica romântica

Sem pretender realizar uma história da antropologia, vale destacar dois ou três momentos em que alguns renomados pensadores se debruçaram sobre temas e problemas relativos ao campo da antropologia. Nesse sentido, poder-se-ia começar lembrando o clássico "Dos Canibais", texto que compõe os *Ensaios* de Michel de Montaigne (1533-1592). Apoiando-se em informações de viajantes, exploradores e de um informante que viveu por mais de dez anos nas terras descobertas por Colombo, Montaigne, após tecer longos comentários elogiosos à natureza tropical do Novo Mundo, passa a descrever os hábitos e os costumes dos selvagens. O ponto alto de sua narrativa é o assunto que dá título ao texto sobre o canibalismo. É a partir do canibalismo que o filósofo passa a relativizar a sua própria cultura quando as compara:

> Não me parece excessivo julgar bárbaros tais atos de crueldade, mas que o fato de condenar tais defeitos não nos leve à cegueira acerca dos nossos. Estimo que é mais bárbaro comer um homem vivo do que o comer depois de morto; e é pior esquartejar um homem entre suplícios e tormentos e o queimar aos poucos, ou entregá-los a cães e porcos, a pretexto de devoção e fé, como não somente o lemos mas vimos ocorrer entre vizinhos nossos conterrâneos; e isso em verdade é bem mais grave do que assar e comer um homem previamente executado (MONTAIGNE, 1980, p. 103).

Depois de questionar vários assuntos acerca da vida, da morte e da guerra, o cético filósofo Michel de Montaigne conclui, jocosamente, dizendo: "Tudo isso é, em verdade, interessante, mas, que diabo, essa gente não usa calças" (p. 106). Com efeito, a leitura de Montaigne sugere que o relativismo, antes de ser um "fato natural" perante um mundo plural, consiste numa atitude epistemológica com fins a compreensão do "outro".

Passado o período de crise que marca o Barroco e cuja imagem predominante será a de um "mundo às avessas", o tempo do Iluminismo representou um período de relativa estabilidade no qual será predominante um conjunto de ideias e representações desenvolvidas sob a inspiração do racionalismo científico e portadoras de uma concepção sobre o homem, a natureza e a cultura moderna. Resulta daí que essas concepções concorrem para a definição de um paradigma: a identidade. Múltiplas são as vozes em torno da unidade natural do homem, concorrendo para a formação de uma única visão "naturalista". Clifford Geertz (1989, p. 46) nos chama a atenção para o fato de que:

> A perspectiva iluminista do homem era, naturalmente, a de que ele constituía uma só peça com a natureza e partilhava da uniformidade geral de composição que a ciência natural havia descoberto sob o incitamento de Bacon e a orientação de Newton. Resumindo, há uma natureza humana tão regularmente organizada, tão perfeitamente invariante e tão maravilhosamente simples como o universo de Newton. Algumas de suas leis talvez sejam diferentes, mas *existem* leis; parte da sua imutabilidade talvez seja obscurecida pelas armadilhas da moda local, mas ela *é* imutável.

E por muito tempo, o pensamento ocidental procurou estabelecer as leis que definem a natureza humana. A busca de um *consensus gentium* (um consenso de toda a humanidade) acerca de um princípio universal capaz de unificar a espécie humana ante o inventário dos costumes humanos sobre a face da terra, teve como modelo de investigação a concepção estratigráfica do homem. Concepção essa postulada pelo Iluminismo e parte das ciências naturais e sociais do século XIX. Ainda nas palavras de Geertz (p. 49),

> De acordo com essa concepção o homem é um composto de "níveis", cada um deles superposto aos inferiores e reforçando os que estão acima dele. À medida que se analisa o homem, retira-se camada após camada, sendo cada uma dessas camadas completa e irredutível em si mesma e revelando uma outra espécie de camada muito diferente embaixo dela. Retiram-se as variegadas formas de cultura e se encontram as regularidades estruturais e funcionais da organização social. Descascam-se essas, por sua vez, e se encontram debaixo os fatores psicológicos – "as necessidades básicas" ou o-que-tem-você - que as suportam e as tornam possíveis. Retiram-se os fatores psicológicos e surgem então os fundamentos biológicos – anatômicos, fisiológicos, neurológicos – de todo o edifício da vida humana.

Numa linguagem figurada, é como se o homem fosse uma espécie de "cebola" que pudesse ser descascada e sob cada fina camada retirada se descobrisse um nível mais profundo do que o homem é. No nível mais profundo, reside o biológico; no mais superficial, o cultural. Ao final, a visão do homem como uma só peça da natureza antes de promover uma interação com a cultura aumenta a distância entre elas, exatamente porque vê no homem um ser estratificado composto de níveis diferenciados e pouco integrados "organicamente". No Iluminismo seriam aprofundadas as distinções entre o sujeito e o objeto do conhecimento, a natureza e a cultura, com base no triunfo do racionalismo científico. São ilustrativas do pensamento iluminista ideias como:

1. O homem não é naturalmente depravado.
2. A *boa vida na Terra pode ser* não só definida mas também *alcançada*.

3. A *Razão* é o instrumento supremo do homem.
4. O *conhecimento libertará o homem* da ignorância, da superstição e dos males sociais.
5. O Universo é *ordenado*.
6. Essa *ordem do universo* pode ser descoberta pelo homem e *expressa por meio de quantidade e relações matemáticas*.
7. Embora haja muitas maneiras de perceber a natureza, como, por exemplo, a arte, a poesia, a música, etc., *só a ciência pode chegar à verdade,* que permitirá ao homem dominar a natureza.
8. A *observação e a experimentação* são os únicos meios válidos de *descobrir a ordem da natureza*.
9. Os *fatos* observados são *independentes do observador*.
10. As qualidades secundárias não são suscetíveis de medida e, por isso, não são reais.
11. Todas as coisas da Terra são para *uso* do homem.
12. A *ciência é neutra*, livre de valores e independente da moralidade e da ética (Schwartz *apud* Morais, 1988, p. 40-41, grifos nosso).

A busca iluminista da natureza (imutável) do Homem esbarra-se no problema da diversidade cultural dos homens. Relativiza-se, então, a perspectiva absolutista sobre o homem. Em consequência, também as concepções sobre natureza e cultura serão relativizadas, reafirmando a complexidade da ideia de Homem.[2]

Pensadores como Montesquieu (1689-1755) forneceram elementos teóricos para a futura constituição da antropologia, sendo o principal deles o questionamento sobre a

---

[2] "A própria ideia da natureza, como pólo oposto a cultura, é com efeito, em si mesma, um produto cultural" (LEACH, 1985, p. 78). Culturalmente, a ideia de natureza varia de acordo com as particularidades com que cada grupo humano estabelece uma relação com seu meio natural. Por sua vez, o conceito de cultura (e civilização) expressa a consciência do europeu com seu meio social, observa Elias (1990). A relação entre Civilização/Iluminismo *versus Kultur*/Romantismo será analisada no Capítulo 3.

própria natureza "cultural" do homem. No entanto, para Lévi-Strauss, o "Pai Fundador das Ciências do Homem" ou, mais especificamente, o fundador da etnologia será Jean-Jacques Rousseau (1712-1778). No *Discurso sobre a Origem e os Fundamentos da Desigualdade entre os Homens*, originalmente publicado em 1755, Rousseau (1978, p. 240-241) questiona o valor da civilização quando se refere aos seus males sobre o Ocidente:

> A extrema desigualdade na maneira de viver; o excesso de ociosidade de uns; o excesso de trabalho de outros; a facilidade de irritar e de satisfazer nossos apetites e nossa sensualidade; os alimentos muito rebuscados dos ricos, que os nutrem com sucos abrasadores e que determinam tantas indigestões; a má alimentação dos pobres, que frequentemente lhes falta e cuja carência faz que sobrecarreguem, quando possível, avidamente seu estômago; as vigílias, os excessos de toda sorte; os transportes imoderados de todas as paixões; as fadigas e o esgotamento do espírito, as tristezas e os trabalhos sem-número pelos quais se passa em todos os estados e pelos quais as almas são perpetuamente corroídas – são todos, indícios funestos de que maioria de nossos males é obra nossa e que teríamos evitado quase todos se tivéssemos conservado a maneira simples, uniforme e solitária de viver prescrita pela natureza. Se ela nos destinou a sermos sãos, ouso quase assegurar que o estado de reflexão é um estado contrário à natureza e que o homem que medita é um animal depravado.

Assim, contrariando a perspectiva racionalista e que serviu de base para o desenvolvimento do evolucionismo social na antropologia e do positivismo na sociologia, a visão romântica de Rousseau contribuiu para o desenvolvimento de uma concepção sobre a cultura e o homem mais relativista cujo foco é a educação.[3] Pode-se sugerir que o próprio Rousseau forneceria uma versão civilizada para o

---

[3] Rousseau aparece como o mais "autêntico" intérprete da teoria da bondade natural por duas razões: 1) a força de seu estilo literário; 2) sua crença "pessoal" ao imaginário mítico da bondade e inocência natural do homem, cuja fonte de inspiração foi o índio brasileiro.

seu *bon sauvage*, no caso *Emílio*. Afinal, sem perder de vista as transformações que vinham se desenvolvendo em torno da infância e da pedagogia moderna, Rousseau escreveu e publicou *Emílio ou Da Educação* em 1762, livro que será proibido e condenado à fogueira. Ele confere à educação valor semelhante ao atribuído à cultura, declara o filósofo: "moldam-se as plantas pela cultura, e os homens pela educação" (1995, p. 8). Com a ideia de modelagem dos homens pela educação, Rousseau ultrapassa a "visão naturalista" do Iluminismo do desenvolvimento humano como se fosse uma planta que obedece ao ciclo de evolução natural das Leis do Espírito sem, contudo, abandonar o desejo romântico de educar para a liberdade.

A superação da visão iluminista sobre o homem significou uma abertura para o desenvolvimento da antropologia física e, posteriormente, da social e da cultural. Contudo, coube ao autor da famosa teoria da Paz Perpétua, Immanuel Kant (1724-1804), a produção de um dos primeiros estudos de antropologia, de inspiração filosófica.[4]

As ciências do homem no século XIX

Etimologicamente, antropologia significa o estudo do homem. *Anthropos* = homem; *logos* = estudo. Mas a verdade

---

[4] A *Antropologia de um ponto de vista pragmático*, de Immanuel Kant, está intimamente relacionada às suas reflexões sobre a Filosofia da História em vista do processo de constituição dos Estados Nacionais no concerto internacional pós-Westiphalia (1648). Assim, os estudos sobre o caráter do homem e dos povos (franceses, ingleses, alemães, italianos, russos, poloneses, turcos) representam, de um lado, uma crítica à crítica rousseauniana da civilização; do outro lado, a afirmação do projeto iluminista de constituição da sociedade civil e da construção do Direito Internacional. No curso da História Universal, Kant compreende a cultura como o caráter de cada Estado-Nação, a Civilização corresponde à natureza internacional da modernidade, e a moralização a consolidação da Paz Perpétua. De certa forma, o filósofo de Koniesberg prenuncia a perspectiva de uma antropologia social e cultural que se desenvolveria, principalmente, no contexto do século XX.

é que as ciências humanas e sociais, isto é, todas as outras disciplinas que compõem as chamadas ciências humanas e sociais também estudam o homem. Pode-se dizer que a psicologia estuda o homem nos seus aspectos psíquicos; a sociologia estuda as ações e as relações sociais humanas; a economia estuda o homem através das formas de produzir, trabalhar e trocar; e, mesmo a biologia, uma ciência dita natural, estuda o homem na sua dimensão orgânica; enfim, regra geral, as ciências estudam o homem sob vários aspectos e concepções. O que, então, especifica o tipo de conhecimento produzido pela antropologia?

Acontece que, diferentemente das ciências que tratam de aspectos específicos da *"natureza humana"* (psicologia, linguística, economia, biologia, etc.), a antropologia parece ter, ao menos inicialmente, a aspiração ou pretensão de estudar o homem em sua totalidade. Significa isso não mais pensar o homem dividido entre o corpo e a alma, entre a natureza e a cultura, mas, como sugere Marcel Mauss (2003), enquanto *"homem total"*, isto é, um ser ao mesmo tempo biológico, psíquico e sócio-histórico. É bem verdade que, por muito tempo, a antropologia se viu limitada no esforço de apreender o homem em sua totalidade. Limites esses decorrentes de posturas e concepções teóricas fechadas, presas a certos paradigmas que serviram de camisa-de-força ao pensamento antropológico. Só mais recentemente, com a crise dos paradigmas da ciência moderna é que a antropologia parece resgatar sua promessa inicial de apreender o homem em sua complexidade e totalidade.[5]

---

[5] A ideia de totalidade deve ser vista à luz da teoria do "fato social total", de Marcel Maus, desenvolvida no *Ensaio sobre a Dádiva* (2003), devendo-se lembrar ainda que a totalidade não significa abarcar tudo, mas descobrir o fato privilegiado ao mesmo tempo político, econômico, cultural, etc. Essa perspectiva será desenvolvida nos experimentos monográficos dos antropólogos do início do século, quando buscavam apreender e compreender a estrutura e os mecanismos de funcionamento de uma determinada sociedade "primitiva" através da interligação de seus diversos

Recentes são as considerações de Edgar Morin, para quem o homem é um ser bioantropossociológico ou biopsicossociocultural, ou seja, o homem se constitui um sistema hipercomplexo capaz de auto-organizar-se, sendo-lhe complementar os seguintes polos sistêmicos:

> O ecossistema "controla" o código genético (a "seleção natural", que nós consideramos como um aspecto da interação natural complexa), co-organiza e controla o cérebro e a sociedade. O sistema genético produz e controla o cérebro, o qual condiciona a sociedade e o desenvolvimento da complexidade cultural. O sistema sociocultural actualiza as competências e aptidões do cérebro, modifica o ecossitema e desempenha mesmo o seu papel na selecção e na evolução genética. (MORIN, s.d., p. 194-195)

Nessa perspectiva, o homem não pode ser visto separado ou fragmentadamente senão enquanto um sistema complexo de cérebro, ecologia, genética e cultura. Mas, ainda assim, não se pode dizer que essa seja uma prática comum e estabelecida nos quadros do pensamento antropológico. Morin chega mesmo a anunciar uma nova era para antropologia, uma "Scienza Nuova" em que:

> Dobram os sinos por uma antropologia reduzida a uma faixa estreita psicocultural, flutuando como um tapete voador sobre o universo natural. Dobram os sinos por uma antropologia que não teve a noção de complexidade, enquanto o seu objecto é o mais complexo de todos, e que se assustava ao mais pequeno contacto com a biologia, a qual, com objectos menos complexos, se funda em princípios de conhecimento mais complexos.
>
> Dobram os sinos por uma teoria fechada, fragmentária e simplificante do homem. Começa a era da teoria aberta, multidimensional e complexa.
>
> [...] se se pretende uma teoria verdadeiramente aberta, multidimensional e complexa, nesse caso precisamos de ir procurar

---

elementos constitutivos (economia, política, religião, simbolismos, etc.) enquanto sistema. Os estudos monográficos produzidos pela perspectiva da antropologia estrutural-funcionalista são exemplares.

os fundamentos numa lógica da complexidade e da auto-organização, quer dizer, numa *neguentropologia*. (p.193)

Com efeito, somente se tomarmos como premissa a ideia de uma incompletude antropológica do homem e, portanto, da própria antropologia é que podemos pensá-los como um campo do conhecimento em infinita construção, mas que nem por isso deixa de apresentar significativas contribuições para o pensamento humano em geral e para o conhecimento de determinadas realidades sociais e culturais em particular.

Mas, hoje, o conhecimento antropológico parece abrir-se cada vez mais a vários campos de estudos. Assim, falamos de antropologia filosófica, antropologia social, antropologia cultural, antropologia psicológica, antropologia da educação etc., que por sua vez se desdobram em estudos de vários temas e objetos específicos como, por exemplo, música e linguagem, ciência e crenças, saúde e doença, percepção e sentidos, consumo e cidades, e outros. A verdade é que, tempos atrás, a antropologia parecia muito bem definida e, até certo ponto, circunscrita aos estudos de caráter social e cultural, principalmente nas sociedades primitivas, nas quais todos os aspectos que envolvem a vida em coletivo eram tratados: os estudos monográficos clássicos envolviam desde os sistemas de parentesco, produção e consumo, ritos e mitos religiosos até as questões relacionadas ao corpo, à identidade, etc. Por sua vez, tudo aquilo que diz respeito ao processo de hominização e/ou "evolução do homem" e as expressões de cultura material desenvolvidas em épocas remotas por sociedades já desaparecidas ficaram confinados aos estudos da antropologia física, através dos paleontólogos e/ou da arqueologia. Aos poucos se acentuaria a distinção entre antropologia física, de um lado, e a antropologia social e cultural, de outro lado.[6]

---

[6] Advertimos que as divisões e subdivisões no campo da antropologia nem sempre se mostram consensuais. Assim sendo, e a título de exemplo, se, de um lado, Ashley Montagu admite uma divisão entre antropologia cultural e antropologia física, sendo que na subdivisão da primeira encontramos a arqueologia, do outro lado, Ralph Linton, também divide a antropologia em física e cultural, porém, coloca a arqueologia ao lado

Assim, a institucionalização da antropologia a partir da segunda metade do século XIX, representou uma mudança de paradigma na compreensão e definição do estatuto do homem. A partir desse momento, o homem deixa de ser o sujeito transcendental da filosofia metafísica para tornar-se objeto de investigação científica. "O homem é uma inovação cuja data recente a arqueologia de nosso pensamento mostra facilmente. E talvez o fim próximo" (Foucault, 1987, p. 404). Com essa afirmação Michel Foucault conclui *As palavras e as coisas – uma arqueologia das ciências humanas*, ao mesmo tempo que renova o próprio campo da ciências do homem.[7]

Nessa perspectiva, a especificidade das ciências humanas e sociais no mundo moderno foi tomar o homem não mais como um ser transcendental (ontológico-filosófico), mas como um ser empírico em sua positividade; um ser que vive, fala e produz/troca. Ela se dedica a conhecer o que pensa o homem (inclusive, sobre o homem), sua produção simbólica e econômica, seus ritos e mitos, etc. Assim, desloca-se a análise do que o homem é (por "natureza") para a análise do homem em sua positividade (ser que vive, fala e trabalha). Em outras palavras, a análise desloca-se para o campo das representações do homem. Acontece que, ao menos desde René Descartes (1596-1650), o homem pensa contra a natureza, certo de que sua missão é dominá-la, subjugá-la e conquistá-la. A consequência foi a lenta separação da cultura com a na-

---

da primeira. Essas distinções também têm implicações para o conhecimento sobre o homem. Assim, um estudo sobre o homem coloca-nos, de imediato, ao menos duas possibilidades distintas de leitura, mas que no fundo são complementares: 1) quanto ao processo de hominização *stricto senso*; 2) quanto à ideia de homem, isto é, a ideia que o homem faz de si mesmo ao longo do tempo.

[7] Ratificando essa ideia, de acordo com Morin, "o que está a morrer não é a noção do homem, mas sim a noção insular do homem, separado da natureza e da sua própria natureza; o que deve morrer é autoidolatria do homem, a maravilhar-se com a imagem pretensiosa da sua própria racionalidade" (p. 193).

tureza, porém, múltiplas vozes ainda reclamam a unidade natural do homem. Um sensível deslocamento da passagem da natureza física para a natureza humana começa a ser implantando, mesmo que durante o Iluminismo essas duas ordens da natureza se confundissem. Contudo, após as reflexões iniciais da antropologia filosófica no século XVIII e o desenvolvimento posterior da antropologia física no contexto do século XIX, estava aberto o caminho para a institucionalização da antropologia social e cultural no início do século XX.

A antropologia social em tempos de guerra

Frequentemente, a antropologia é criticada por sua participação no jogo do imperialismo colonial no século XIX/XX. Destaca-se, nesse caso, a crítica contundente de Gérard Leclerc sobre a antropologia colonialista. Contudo, alguns historiadores da antropologia sugerem cautela, uma vez que, a julgar pela experiência de alguns antropólogos ingleses em determinados momentos, pouca ou quase nenhuma informação etnográfica foi utilizada a serviço do imperialismo.[8] Avaliando a "antropologia aplicada" inglesa, Adam Kuper (1978, p. 140) adverte:

> A conclusão inevitável é que nunca houve muita demanda de Antropologia Aplicada tanto por parte de Whitehall [nome de avenida londrina onde se situa parte dos órgãos de administração pública] como dos governos coloniais. Mesmo nos tempos do C.S.S.R.C. [Colonial Social Science Research Council], quando os membros da Comissão falavam esperançosamente sobre pesquisas relevantes, os antropólogos, de um modo geral, mantinham-se em sua própria e amena postura acadêmica. Talvez um tipo diferente de potência colonial pudesse ter sido imensamente ajudado pelos antropólogos – como

---

[8] De um modo geral, as ciências humanas e sociais não fogem à crítica pós-colonial, pois quando não se estava a serviço do imperialismo, estava-se a serviço dos nacionalismos. Em outras palavras, disciplinas como história, geografia, sociologia tiveram um papel fundamental no processo de construção dos Estados Nacionais.

alguns afirmam que os americanos os são na América do Sul e no Sudeste Asiático. Os Estados Unidos sempre se mostraram mais dispostos do que os britânicos a levar a sério as teses dos cientistas sociais, mas, enquanto que alguns antropólogos se venderam a interesses sinistros, nem sempre é fácil ver como suas pesquisas poderiam ser de muita ajuda. Em qualquer caso, a realidade é que os antropólogos britânicos foram pouco usados pelas potências coloniais e, apesar de sua retórica, quando empenhados na angariação de fundos, tampouco se mostraram particularmente ansiosos por serem usados.

A antropologia que se desenvolve a partir dos anos 1920, sob o signo do culturalismo norte-americano, do funcionalismo inglês e do estruturalismo francês representou um avanço teórico em direção ao relativismo cultural e, por conseguinte, a uma visão mais democrática da cultura – considerando o direito de autodeterminação política dos povos primitivos na medida em que estabelece uma ruptura com o paradigma evolucionista. Esse, sim, essencialmente, etnocêntrico e imperialista, uma vez que só admite um único caminho para a humanidade, logicamente, sob a condução dos países considerados evoluídos. Muito embora, até o período da Segunda Guerra a ideologia do racismo tivesse claramente lastro com a teoria evolucionista, a institucionalização da antropologia social e cultural ao tempo da Primeira Guerra sinaliza para a crise do pensamento evolucionista. Afinal, não à toa a antropologia se institucionaliza nesse momento, pois os efeitos devastadores da Primeira Guerra põem em dúvida o sentido do progresso apregoado pelos evolucionistas.

As teorias do determinismo biológico (raça) e geográfico (clima) começam a perder força perante o desenvolvimento das ciências humanas e sociais. Em oposição ao conceito de raça, se levantaria Franz Boas (1858-1942), considerado o "pai da antropologia culturalista norte-americana", sugerindo em seu lugar o conceito de cultura. Sem dúvida nenhuma, a luta contra o conceito de raça desenvolvida por Boas ao longo da vida é uma das mais importantes conquistas modernas na luta contra o preconceito, o xenofobismo, a discriminação racial, além, é claro, de ser um dos fundamentos teóricos da antropologia moderna. Nessa perspectiva, cada vez mais se torna explícito que muitos dos problemas vividos no mundo contemporâneo relacionados à economia, à política, à religião não têm origem nas raças nem no clima, como se supunha então, mas sim na ordem histórica e cultural. Contrariando a suposição da pureza racial de alguns grupos humanos, assim mantida em função do isolamento cultural, Boas observa que os grupos mestiços apresentam melhores qualidades "raciais" do que sinais de degeneração quando se misturam, por exemplo:

> Os descendentes mestiços de europeus e índios norte-americanos são mais altos e mais férteis que os índios puro-sangue. São mais altos ainda que as raças de seus pais. Os mestiços de holandeses e hotentotes do sul da África e os mestiços malaios da ilha de Kisar são de tipo intermediário entre as duas raças e não exibem qualquer traço de degeneração. (BOAS, 2004, p. 73)

Daí Gilberto Freyre (1900-1987), ex-aluno de Boas, na sua interpretação do Brasil à luz da antropologia cultural, destacar o valor positivo do mestiço na nossa formação cultural.[9] Aos poucos a cultura assume o lugar da raça.

Os estudos de Caráter Nacional desenvolvidos pela antropologia cultural norte-americana ilustram claramente essa mudança de perspectiva, pois, embora não se desprezem os elementos constituintes da biologia, a explicação para a formação dos padrões de personalidade e temperamento baseia-se nos condicionantes da cultura, da história e da psicologia. Some-se a isso o fato de a antropologia adquirir uma dimensão política "aplicada", ou seja, no plano interno da nação, a antropologia deveria contribuir para a "solução prática" de problemas relacionados à saú-

---

[9] Assim, não se deve à incapacidade mental ou em razão das misturas raciais o baixo desenvolvimento industrial do Brasil na virada do século passado. As razões para o atraso, Gilberto Freyre identificou-a na formação histórico-cultural do Brasil apresentadas em *Casa-Grande & Senzala*, livro de 1933.

de, à educação, à alimentação, etc.; no plano da política externa, deveria fornecer subsídios para o conhecimento dos "outros" povos e nações em tempos de guerra. É dentro desse quadro de referências que aparece, em 1947, o belíssimo trabalho de Ruth Benedict sobre o padrão cultural japonês, *O crisântemo e a espada*. A noção de "padrão cultural", em Ruth Benedict tem uma importância capital na explicação dos estilos de personalidades desenvolvidas nas culturas humanas. Em *Padrões de cultura*, livro de 1936, a antropóloga chega a sugerir a existência de padrões "apolíneos" e "dionisíacos" de personalidades. Sem considerar as polêmicas que envolvem a experiência da antropologia cultural norte-americana no contexto da Segunda Guerra, os estudos antropológicos produzidos naquele momento entrarão para a história da disciplina sob a rubrica da "Escola de Cultura e Personalidade", cuja caracterização será vista à frente.

Enquanto o conceito de cultura constitui o *tropos* dominante do discurso antropológico na tradição norte-americana, do outro lado do Atlântico o conceito de estrutura, oriundo da tradição sociológica francesa, configura-se no paradigma da antropologia social francesa e inglesa. De certa forma, pode-se considerar *As formas elementares da vida religiosa* (1912), o último estudo de Émile Durkheim (1858-1917), um livro seminal. Primeiro, porque representa um experimento do "pai da sociologia francesa" no campo da etnologia religiosa – ao lado do parentesco, a religião é um dos temas principais no campo de estudos da sociologia, da antropologia e da filosofia da época; segundo, porque esse trabalho irá influenciar profundamente a própria constituição da antropologia francesa bem como da antropologia social inglesa pós--malinowskiana. Na Inglaterra, Alfred Radcliffe-Brown (1881-1955) não só daria continuidade à abordagem sociológica de Durkheim como a ampliaria significativa e definitivamente para a institucionalização da antropologia Social, fazendo-a uma área de conhecimento respeitada em todo mundo. O conceito de estrutura constitui no ponto de convergência das antropologias inglesa e francesa, embora tenha assumido significados diferentes nas respectivas tradições, como será visto adiante.

Atenção especial deve ser dada a Marcel Mauss (1872-1950) neste momento. Afinal, o sobrinho de Durkheim é mais do que um continuador secundário da obra iniciada pelo "pai da sociologia francesa"; na verdade, pode ser visto como um precursor da antropologia social francesa e uma das principais fontes de inspiração de Claude Lévi-Strauss (1908-) no desenvolvimento da antropologia estrutural a partir dos anos 1950. Mauss estabeleceu as bases para a nascente antropologia francesa bem como abriu a possibilidade de renovação teórico-metodológica para o campo das Ciências Sociais com a publicação de estudos seminais, tais como: *Esboço de uma teoria da magia* (1904), *As técnicas corporais* (1936), *A noção de pessoa, a noção de 'eu'* (1938), para citar alguns dos principais. Esses estudos sugerem uma teoria da ação social no pensamento de Mauss, na maioria das vezes classificado como pensador holista herdeiro da tradição sociológica durkheimiana.

Em 1925, Mauss trouxe a público o mais famoso de seus estudos: o *Ensaio sobre a dádiva – razão e troca nas sociedades arcaicas*, texto que, na avaliação de Alain Caillé, representa o único estudo verdadeiramente sociológico que se pode defender como tal. Partindo do estudo comparativo dos sistemas de trocas rituais da polinésia e dos índios americanos, ou seja, o "kula" e o "potlach", estudados por Malinowki e Boas, respectivamente, Mauss observou a existência de sistemas equivalentes em outras sociedades, em outros tempos, o que lhe permitiu formular a teoria da dádiva. Trata-se de uma estrutura universal, portanto, comum a inúmeros sistemas de trocas simbólicas cuja regra básica é a obrigação de dar, receber e retribuir. Com essa formulação, Mauss contribuiu para ampliar e aprofundar a compreensão da estrutura dos sistemas sociais. Nos termos do próprio Mauss, a "dádiva" é um "fato social total", ou seja, é um fenômeno ao mesmo tempo político, jurídico, econômico, religioso, estético e moral.

O que faz da "troca" um fato privilegiado, pois, metodologicamente, condensa a totalidade do sistema social, e não tudo do sistema social. E mais, considerando que o observador é parte da observação, o *Ensaio* representa, do ponto de vista político, uma dupla resposta, de um lado, uma crítica à visão economicista de que o homem é, em última instância, movido por uma racionalidade utilitarista – a euforia economicista pós-primeira guerra não demoraria muito para ser arranhada com a crise econômica de 1929 nos Estados Unidos; do outro lado, uma espécie de "manifesto pela paz", afinal, a lembrança recente do fim da guerra, abria a possibilidade de uma interpretação segundo a qual a não troca pode ser uma outra via para a guerra.[10] Em suma, o sistema de prestação total (a obrigação de dar, receber e retribuir), presente em inúmeros rituais e momentos rotineiros da vida das sociedades primitivas e das contemporâneas pode ser vista como uma dessas rochas sobre a qual se erige o edifício social chamado Humanidade.

A antropologia que se desenvolve posterior a Mauss na França e na Inglaterra terá como preocupação fundamental a sua institucionalização e, consequentemente, a sua legitimação perante a opinião pública como um campo de conhecimento científico mesmo não sendo uma "ciência normal", no sentido atribuído a esse termo por Thomas Kuhn. Com a eclosão da Segunda Guerra nos anos 1940, a visão estática e orgânica inerente ao paradigma estrutural-funcionalista começa a abrir espaço para uma visão mais dinâmica onde o conflito torna-se um elemento fundamental na transformação e na mudança social. Os estudos desenvolvidos na Inglaterra sob a inspiração de Max Gluckmann (1911-1975) e, na França, com George Balandier (1920-), são exemplares.[11] A antropologia se

---

[10] Na verdade, essa teoria será discutida por Lévi-Strauss, posteriormente, nos idos de 1942. Ao mesmo tempo os Estados Unidos caminhavam para uma crise econômica que afetaria o sistema capitalista

[11] Por exemplo, o conceito de "situação colonial", desenvolvido por Balandier, para analisar os conflitos colonialistas na África, exerceria grande influência

volta, então, para a análise situacional na qual ganha destaque o mundo da vida cotidiana com seus conflitos e dramas sociais. Embora longa, vale destacar a síntese de Van Velsen (1987, p. 369-370):

> Uma das suposições na qual a análise situacional está baseada é a de que as normas da sociedade não constituem um todo coerente e consistente. São, ao contrário, frequentemente vagas e discrepantes. É exatamente este fato que permite a sua manipulação por parte dos membros da sociedade no sentido de favorecer seus próprios objetivos sem necessariamente prejudicar sua estrutura aparentemente duradoura de relações sociais. Por isso, a análise situacional enfatiza o estudo das normas em conflito. Previsivelmente, a fonte de informações mais frutífera sobre normas conflitantes é constituída por disputas, expostas ou não dentro de um tribunal. As descrições sobre a "lei primitiva" frequentemente sugerem que todas as disputas são simples casos de "transgressão da lei" e que, portanto, a discussão está baseada nos "fatos" do caso, enquanto existe uma concordância silenciosa ou expressa entre todas as partes interessadas com referência à norma ou às normas aplicáveis. Estas descrições ignoram o fato de que pode-se encontrar, em qualquer sociedade, uma grande categoria de disputas onde a discussão gira principalmente em torno da questão sobre quais normas, entre um número de normas mutuamente conflitantes, deve ser aplicáveis aos "fatos" indiscutíveis do caso. A partir deste ponto de vista, torna-se mais importante obter diferentes avaliações e interpretações sobre disputas, ou outros eventos específicos, de várias pessoas, do que procurar a avaliação e interpretação *correta* destes eventos. O enfoque situacional vai muito além daquele que tenta saber o que pensam "os sábios homens velhos da vila", da escola e o advogado. Para o sociólogo interessado em processos sociais, não existem pontos de vista "certos" ou "errados"; apenas existem pontos de vista diferentes representando diferente grupos de interesse, *status,* personalidade e assim por diante. Como corolário, deve-se documentar o máximo que for possível sobre o contexto

---

no pensamento dos intelectuais do Instituto Superior de Estudos Brasileiros (ISEB), posteriormente batizado de "fábrica de ideologias" do governo JK.

geral – os casos devem ser apresentados situacionalmente – e os atores devem ser especificados. Por exemplo, disputas sobre dotes podem envolver muito mais que meramente a demanda pelo dote que não foi pago. Podem ser o veículo para uma disputa em outro campo (exemplo político) que, por uma outra razão, não podem ser tratados *como sendo* uma disputa política [...] Finalmente, durante o trabalho de campo, devem-se procurar casos inter-relacionados dentro de uma pequena área que envolva somente um número *limitado de dramatis personae*. Tais casos devem ser, mais tarde, apresentados na análise em seu contexto social, como parte de um processo social e não como casos ilustrativos que são razoavelmente convenientes para uma generalização específica.

Curiosamente, o teatro serviria de modelo e fonte de inspiração para a antropologia e a sociologia que se desenvolveriam a partir dos anos 1950. Não à toa Victor Turner (1920-1983), na antropologia, e Erving Goffman (1922-1982) na sociologia, tomam a ideia de "drama" para explicar os processos de interação e conflito social no mundo da vida cotidiana.

Não sendo possível explorar todas as grandes contribuições da antropologia no contexto do mundo pós-guerra, basta destacar os nomes de alguns antropólogos que contribuíram para fazer da antropologia uma das áreas mais bem-sucedidas das ciências sociais, tais como: Evans-Pritchard (1902-1973), Edmund Leach (1910-1989), Pierre Clastres (1934-1977), Claude Lévi-Strauss (1908-), Mary Douglas (1921-), Marshall Sahlins (1930-). Os trabalhos desses antropólogos continuam inspirando novas gerações de antropólogos, bem como têm contribuído para enriquecer os estudos de outras áreas do conhecimento, tais como história, economia, teatro, educação, etc.

Em suma, o processo de institucionalização e desenvolvimento da antropologia moderna ao longo do século XX demonstra claramente um movimento de ampliação do "campo" acompanhado da descoberta de novos "objetos" e "métodos". Assim, sem esquecer a contribuição dos estudos de parentesco do antropólogo norte-americano Lewis Morgan (1818-1881), ainda na perspectiva evolucionista, e dos trabalhos de campo realizado por Boas, 30 anos antes de Malinowski, entre os esquimós (Inuit) e a concentração dos estudos sobre sistema de parentesco na região da Ásia e Oceania, com a eclosão da Segunda Guerra, vemos um deslocamento para a África, com ênfase nos estudos de magia e bruxaria além de uma forte ênfase na análise de situações de conflitos; posteriormente, a renovação nos estudos da etnologia ameríndia, a partir dos anos 1970, trouxe para o centro do pensamento antropológico os estudos de cosmologia e corporalidade. De certa forma, é assim que Seeger, DaMatta & Viveiros de Castro (1987, p. 11), veem o movimento da antropologia ao longo do século XX:

> Cada região etnográfica do mundo teve o seu momento na história da teoria antropológica, imprimindo seu selo nos problemas característicos de épocas e escolas. Assim, a Melanésia descobriu a reciprocidade, o sudeste asiático a aliança de casamento assimétrica, a África as linhagens, a bruxaria e a política. As sociedades indígenas da América do Sul, após os canibais de Montaigne e a influência Tupi nas teorias políticas do Iluminismo, só muito recentemente vieram a contribuir para a renovação teórica da Antropologia.

Esse movimento é importante para se ter claro o momento de crítica cultural vivido pela antropologia a partir dos anos 1980. É também nesse contexto que a observação do antropólogo norte-americano Clifford Geertz (1926-2006), segundo a qual "agora somos todos nativos", deve ser contemplada em sua profundidade.

A crítica cultural da antropologia

Um dos exercícios mais comuns à chamada antropologia pós-moderna tem sido o trabalho de releitura de alguns clássicos da disciplina. Gregory Bateson (1904-1980), Lucién Levy-Bruhl (1857-1939), Carlos Castañeda (1935-1998), só para citar alguns, têm sido objeto de profundas análises, configurando aquilo que o antropólogo (e epistemólogo) Roberto Cardoso de Oliveira (1928-2006) chama de etnografia do pensamento antropológico. Por exemplo, o caso de Lévy-Bruhl é exemplar, pois o antropólogo francês da virada do século, tendo abraçado a filosofia positivista de Comte, não conseguiu superar de todo o inconveniente evolucionismo a ela inerente. O fato é que sua "teoria da mentalidade primitiva" coloca alguns desafios epistemológicos para a antropologia ainda hoje.[12] Se, do ponto de vista da história da antropologia, o estrutural-funcionalismo representou uma crítica e uma tentativa de superação da perspectiva evolucionista, isso não impediu que as concepções de Lévy-Bruhl acerca da "mentalidade pré-lógica" dos selvagens ou dos grupos primitivos provocasse um profundo mal-estar antropológico na medida em que contribuiu para reforçar certas imagens e representações negativas extensivas às culturas consideradas primitivas. Afinal, se a mentalidade primitiva é mística e pré-lógica e opõe-se a uma mentalidade lógica, a do civilizado, então o risco colocado pela primeira é o da "impossibilidade de se deixar compreender", pois por princípio são incompatíveis, sugere Paul Mercier. Também Rowland chama a atenção para a crença, partilhada pela antropologia do século XIX, de que os sistemas culturais não ocidentais não correspondem a uma mentalidade lógica. Contudo, se se aceita essa tese tem-se um paradoxo etnocêntrico que só pode ser superado a partir da crítica epistemológica da antropologia, pois:

> [...] face à tendência etnocêntrica do pensamento europeu oitocentista – que utilizava a sua própria cultura como medida de todas as outras – argumentou [-se] que era preciso compreender cada cultura nos seus próprios termos. Isto exige um conhecimento 'por dentro' da cultura alheia, e pareceria que o trabalho de campo antropológico proporcionaria uma oportunidade única para adquirir esse conhecimento e essa compreensão. Mas o trabalho de campo antropológico é essencialmente um exercício de tradução, e exige que a cultura a traduzir seja coerente e não-contraditória. Isto equivale a exigir

---

[12] Sobretudo a sua teoria ou "lei da participação" inscrita na mentalidade primitiva.

> dos nativos que partilhem a nossa racionalidade (ocidental).
> Se tentarmos levar esta exigência até às suas últimas consequências seremos forçados a concluir que as outras culturas não poderão ser compreendidas – pelo menos por nós. Mas se formos a admitir que as suas culturas são constituídas, em boa parte, por crenças cujos conteúdos não nos parece racionalmente compreensível e que, por isso, classificamos como 'crenças rituais'. E acabaremos, mais uma vez, por invocar a cultura europeia e os seus critérios como medida das outras culturas. (ROWLAND, 1987, p. 28)

Assim, um dos limites dessa concepção reside no fato de a antropologia por muito tempo ter se definido como a ciência das sociedades primitivas, sua aceitação significava "jogar fora a água junto com a criança". Esse problema tem mobilizado inúmeros antropólogos ao longo da história da disciplina, contudo, mais recentemente, posterior aos esforços antropológicos de Claude Lévi-Strauss em identificar as "estruturas elementares do pensamento (espírito) humano", que antropólogos como Clifford Geertz entraram em cena visando se não superar, ao menos qualificar o debate e as reflexões em torno da prática e do pensamento dos antropólogos.

Apesar das inúmeras críticas feitas à abordagem de Geertz como, por exemplo, a de que ele fala por sobre os ombros de seus nativos em *Um jogo absorvente – Notas sobre a briga de galos Balinesa*, contrariando sua intenção de resgatar a interpretação em primeira mão do nativo da sua cultura, ainda assim é inegável a contribuição do antropólogo norte-americano para, ao menos, a qualificação de duas importantes categorias do pensamento antropológico: de um lado, o conceito de cultura, do outro o conceito de etnografia. Nesse sentido, a publicação nos anos 1980 dos livros *Writing culture – The poetics and politics of ethnography*, editado por James Clifford e George Marcus, e *Anthropology as cultural critique – An experimental moment in the human sciences*, sob a organização de George Marcus e Michael Fischer, representa um marco na história da disciplina. Dentre as muitas razões, talvez, a principal parece ser o fato de esses trabalhos colocarem no centro das reflexões contemporâneas da antropologia o problema da escrita antropológica. Dizer que o antropólogo escreve é um truísmo, a questão é saber o que ele inscreve quando escreve.[13]

Também é inegável o alcance e a influência da antropologia interpretativa de Geertz em outras áreas das ciências sociais e humanas como, por exemplo, no campo da história, da literatura e da pedagogia. Com efeito, inúmeros problemas relacionados à autoria e à autoridade etnográfica dos antropólogos, o estatuto científico do conhecimento antropológico, as relações entre estrutura e cultura, identidade e diferença, estilos de antropologia têm despertado a atenção dos antropólogos hoje. E mais. "Novos" objetos e métodos têm sido discutidos e experimentados ampliando, assim, o "campo" da antropologia.

Não por acaso, a antropologia retoma em novas bases a criança e a educação como "culturas" a serem investigadas. Em particular, o interesse pelas crianças e pela educação atualmente tem correspondência com o destaque dado às essas em anos recentes. Embora, desde 1959, a Organização das Nações Unidas tenha aprovado a Declaração Universal dos Direitos das Crianças, sob a orientação do UNICEF (United Nations Children's Fund), a aprovação do Ano Internacional da Criança, em 1979, deu um novo impulso às políticas públicas de proteção e assistência às crianças, aos adolescentes e aos jovens no mundo a partir de então. Sem dúvida, esse acontecimento contribuiu para que antropólogos e outros cientistas sociais tivessem a atenção voltada para crianças e a educação. Mas, curiosamente, a contribuição da antropologia norte-americana para o estudo da criança e da educação pode ser datada de anos atrás.

---

[13] De certa forma, as preocupações antropológicas em torno da escrita parecem encontrar ressonância na noção de escritura do filósofo Jacques Derrida na medida em que evoca não simplesmente o ato da escrita, mas, no âmbito da antropologia, inclusive a dimensão oral.

A antropologia da criança e da educação

Com a Primeira Guerra o mundo toma consciência da destruição em massa; cresce a apreensão com relação ao futuro. Essa situação levou alguns antropólogos apregoarem a necessidade de investigar com urgência as culturas primitivas espalhadas pelo mundo ante a ameaça do desaparecimento, da extinção, frente a ideia de um progresso inelutável. Assim, se no plano internacional, os antropólogos dirigem seus olhares e interesses cada vez mais para o mundo das sociedades primitivas, no plano interno das nações cresce a preocupação dos intelectuais (sociólogos, pedagogos, filósofos) com as crianças e a educação. Contribui para esse processo o fato de que, desde fins do século XIX, o folclore surge com a promessa de resgatar as tradições populares e o evolucionismo aproxima as sociedades primitivas da infância da humanidade, o que torna mais fácil a compreensão da valorização da criança e/ou da infância nesse contexto e, por conseguinte, da educação.[14] Franz Boas e a então nascente antropologia cultural estava em sintonia com as preocupações de seu tempo. Em *Anthropology in modern life*, originalmente publicado em 1928, Boas destacava a "aplicabilidade" da antropologia à compreensão dos problemas sociais:

> O curso do desenvolvimento de um grupo de crianças depende de sua descendência racial, das condições econômicas de seus pais e de seu bem-estar geral. Um conhecimento da interação destes fatores pode nos dar o poder de controlar o crescimento e assegurar melhores condições possíveis para a vida do grupo. Todas as estatísticas vitais e sociais estão então intimamente relacionadas às políticas a serem adotadas ou a serem descar-

---

[14] É suficiente lembrar o lugar de importância das crianças na literatura de Charles Dickens ou, então, as preocupações anarquistas com a educação no processo de industrialização das sociedades modernas. De resto, vale destacar os esforços de Durkheim, com a criação da disciplina "Moral e Cívica", visando a consolidação do campo de estudos da educação como parte do processo de construção da nação moderna.

tadas não sendo totalmente fácil de ver que o interesse nesses problemas, quando considerado de um ponto de vista científico, não está relacionado aos valores práticos que nós atribuímos aos resultados. (Boas, 1986, p. 16-17, tradução livre).

Diferentemente da antropologia desenvolvida na Inglaterra e França, cuja influência da sociologia é notória, a antropologia norte-americana estabeleceu profundas relações com a história e a psicologia social. Em particular, é bastante ilustrativo o trabalho de Margaret Mead (1901-1978) com adolescentes das ilhas Samoa e Manu.[15] Com efeito, pode-se dizer que com *Coming of age in Samoa* (1928) e *Growing up in New Guinea – A comparative study of primitive education* (1930), Margaret Mead antecipava o que hoje se considera o campo de estudos tanto da antropologia da criança quanto da antropologia da educação.

Do outro lado do Atlântico, no exato momento em que Margaret Mead publicava *Coming of Age in Samoa*, sem perder de vista a epistemologia genética de Jean Piaget (1896-1980), na França, George-Henri Luquet (1876-1965), filósofo e pedagogo, publicava *Le Dessin Infantin* (1927), um dos primeiros trabalhos sobre o desenho infantil; estratégia metodológica também utilizada por Mead em seu trabalho de campo com as crianças Manus. A aproximação da antropologia com a psicologia fez com que muitos psicólogos lançassem mão dos métodos e técnicas de trabalho de campo utilizadas pelos antropólogos, a fim de desenvolver estudos sobre amamentação, etc. Nesse momento, ficaria famosa nos Estados Unidos a chamada "Escola de Cultura e Personalidade" que abrigaria o nome de inúmeros antropólogos e psicólogos em torno de temática, principalmente, dos estudos de formação do "*caráter nacional*" de um povo ou país.[16]

---

[15] Na verdade, Margaret Mead nunca deixou de se preocupar com a questão da infância e da educação. Isso é visível com seus trabalhos posteriores: *Sexo e temperamento*, de 1935, e *Macho e fêmea*, de 1947, até seus últimos escritos.

[16] Embora o tema da criança e o da educação não tenham saído definitivamente do campo de interesses dos antropólogos norte-americanos,

O que se observa é que a educação recebe, a partir dos anos 1930, cada vez mais atenção especial. Em particular, no Brasil, o projeto da chamada "Escola Nova", encabeçada por Anísio Teixeira e Fernando de Azevedo, exercerá um papel fundamental na renovação da percepção e dos instrumentos de ensino no país. Esse projeto contou com a participação e a colaboração de intelectuais como, de um lado, Cecília Meireles (1901-1964), mesclando poesia, folclore e educação; e, do outro lado, Mário de Andrade (1893-1945), promovendo pesquisas, estimulando a criação de parques infantis e recolhendo desenhos de crianças quando esteve à frente da Secretaria de Cultura do Estado de São Paulo.[17]

Dando um salto no tempo, somente nos idos dos anos 1980, a antropologia retomou o curso dos estudos sobre criança e educação. Neste momento, é impossível não fazer referência ao trabalho do historiador Phillippe Ariès, *História Social da Criança e da Família*, originalmente publicado em 1960, que, ao lado dos estudos de Margaret Mead, pode ser visto como um marco para a antropologia da criança e da educação. Por outro lado, tal estudo também sinaliza para o

---

pois os estudos de Caráter Nacional englobam tal área, a eclosão da Segunda Guerra ampliou o foco de interesses para outros "objetos" e "problemas". Isso fica claro, por exemplo, com *Balinese character – A phtographic analysis*, obra de 1942, de Margaret Mead e Gregory Bateson, considerado um marco para o desenvolvimento da antropologia visual. Também é o caso de *The study of culture at a distance*, editado por Margaret Mead e Rhoda Metraux, publicado originalmente em 1953, que explora "novos métodos" de investigação frente a impossibilidade do antropólogo ir a campo; problema este já enfrentado por Ruth Benedict em *O crisântemo e a espada – padrões da cultura japonesa*, de 1947. Em paralelo aos estudos de caráter nacional, a antropologia cultural norte-americana se dedicaria à área de estudos dos contatos culturais. Nomes como Robert Redfield, Oscar Lewis e, principalmente, Melville Herskowitz desenvolveram inúmeros trabalhos sobre processos de aculturação.

[17] As ciências sociais estão à espera de um "novo" Florestan Fernandes para retomar os estudos sobre o folclore infantil, realizado por aquele no início dos anos 1940, em comparação com os processos de educação.

processo de reaproximação da história com a antropologia em anos recentes.[18]

Como nos tempos áureos da Segunda Guerra, em que a antropologia cultural norte-americana ganha explicita conotação política e significativa dimensão prática ("antropologia aplicada"), as preocupações e o interesse dos cientistas sociais brasileiros pelo tema da juventude, educação e cultura têm como aliado hoje o Estado. A onda de políticas públicas voltadas para jovens em situação de risco e projetos sociais de incentivo à cultura e de promoção da cidadania dispensa maiores comentários. Some-se a isso a mudança de perspectiva metodológica no tratamento e compreensão do fenômeno da educação no Brasil.

Mesmo que tardiamente, a pesquisa qualitativa encontra forte receptividade por parte dos cientistas e, já na década de 1980, observam-se indicadores de um movimento que vai gradativamente interpelando a predominância dos métodos de mensuração na pesquisa educacional, que, situada no campo das ciências humanas, não poderia passar imune ao desenvolvimento e às inflexões ocorridas nessa área. Assim, o fenômeno educacional foi investigado por longo tempo na perspectiva das análises das ciências físicas e naturais, buscando-se isolar variáveis que pudessem dizer da composição do fenômeno como se fossem dados naturais. Dito de outro modo, acreditava-se que a mensuração quantitativa de varáveis básicas do fenômeno educativo seria suficiente para a explicação de sua totalidade. Rapidamente, constatou-se que poucos problemas poderiam ser esgotados pela pesquisa quantitativa, dado que pensar a educação requer entendê-la como fenômeno dinâmico, complexo e mutável, além de datado historicamente. É evidente que não se tira o valor da pesquisa quantitativa, e os indicadores estatísticos sobre a sociedade estão aí amplamente divulgados e são absolutamente

---

[18] A este respeito ver: SILVA (2002); COHN (2005); BURKE (2005).

indispensáveis para a compreensão dos problemas da educação, pois são fontes geradoras de questões a serem investigados e aprofundados.

Enquanto procedimento predominante na pesquisa educacional até meados dos anos de 1980, a orientação quantitativa começa a gerar certo incômodo em estudiosos com os métodos e com os dados obtidos. Os recorrentes resultados sobre déficit de aprendizagem, evasão e repetência em determinados setores da população necessitavam de esclarecimentos que a pesquisa quantitativa, pelas suas características, não respondia.[19] Tornou-se necessária, então, a articulação de novas propostas de abordagem com alternativas metodológicas também distintas para se superar, se não no todo, ao menos parcialmente, limitações percebidas na pesquisa quantitativa. Aos poucos, novas estratégias metodológicas são adotadas na investigação educacional, como, por exemplo, as pesquisas-ação, os estudos de caso e as pesquisas etnográficas (ANDRÉ; LUDKE, 1986). Essa última, contudo, tem sido utilizada de maneira pouco rigorosa. Daí a necessidade de se esclarecerem o sentido da etnografia e o seu significado pedagógico para a educação.[20] Esse é o assunto do próximo capítulo.

---

[19] Sobre a abordagem do tipo experimental, Giroux (1983, p. 63) emitiu o seguinte parecer: a pesquisa e seus resultados deveriam ser vistos não somente *pelos* "princípios que governam as questões que propõe, mas também pelos temas que ignora e pelas questões que não propõe".

[20] Há uma certa profusão de investigações que revelam, nos últimos anos, a predominância da pesquisa qualitativa. Basta percorrer as centenas de trabalhos apresentados nas reuniões anuais da ANPEd, nos anos de 1990 em diante, para se ter uma ideia da larga apropriação de métodos como a história oral, as representações sociais, a etnometodologia, além da etnografia, ancorados nos estudos de caso.

Capítulo II

O sentido da etnografia

Fenomenologia do conhecimento

Estamos presos aos nossos sentidos. Eles são fontes de conhecimento, o que não exclui a possibilidade de gerarem enganos. O fato de não vermos algo ou sentirmos alguma coisa não significa que essa não exista ou que não seja verdadeira. Freud nunca viu o inconsciente e, no entanto, foi capaz de formular a sua existência. Também os físicos nem sempre veem os elementos com os quais pensam a constituição da realidade, tal é o caso dos átomos. Monstros, demônios, fantasmas e outros seres sobrenaturais colocam em dúvida o limite entre a realidade e o imaginário, entre conhecimento verdadeiro e falso conhecimento. Em verdade, a ideia segundo a qual existe um conhecimento verdadeiro em detrimento de outros considerados falsos é relativa. O que existe são conhecimentos diferentes com verdades diferentes para realidades diferentes e válidos em momentos diferentes. O conhecimento de senso comum não é falso; responde a propósitos diferentes aos de outras realidades. Mesmo o conhecimento científico não pode ser visto como uma verdade absoluta, apesar de os cientistas trabalharem o tempo todo objetivando atingir o "Real" sem perderem de vista tratar-se isso de um ideal. A história das ciências nos mostra quão cheia de acasos e erros ela se faz. A propósito, em ciência não podemos nunca afirmar de modo categórico e absoluto a verdade de um fato ou teoria, só podemos provar a sua "falsificabilidade", propõe o filósofo da ciência Karl Popper. Assim, os sentidos interferem na produção do conhecimento científico colocando novos problemas, sugerindo novas questões. Eles não são somente objetos passivos do conhecimento, mas também fatores ativos e constitutivos da realidade do sujeito do conhecimento. Com isso, a noção de conhecimento deve ser questionada, segundo Lanternari (1997, p. 62):

> O conhecimento, entendido na tradição empirista como reflexo passivo das "coisas existentes", na nova perspectiva antropológica-crítica configura-se como "complexo de símbolos intelectuais livremente criados", e as próprias "coisas existentes", antes vistas como objecto inerte de percepção dos sentidos, perdem o seu carácter objectivo de mero "em si", para assumirem o valor de outras tantas representações filtradas através da intuição simbólica própria do indivíduo como componente de uma dada cultura. Assim como o conhecimento, também a percepção sensorial, que é o seu suporte primário, longe de apreender e reproduzir directamente o real, revela-se como mediação de uma peculiar estrutura simbólica, própria da psique humana enquanto tal, e a imagem perceptiva (espacio-temporal, auditiva, visual, táctil, etc.) em vez de se reduzir a representação apartada da coisa através da reflexão do observador, manifesta-se como parte, ela mesma, da sua realidade [...].

O conhecimento considerado verdadeiro nos dá a conhecer mais sobre o sistema intelectual de uma época historicamente determinada do que efetivamente a crença na existência de uma razão transcendental e livre dos fantasmas da imaginação, ainda que essa seja uma crença comum ao pensamento ocidental. Vê-se, então, que o problema do conhecimento é uma questão relacionada ao estatuto da verdade. Por outro lado, se não podemos compreender o mundo sem antes detectá-lo por meio dos sentidos, faz-se necessário, então, buscar compreender qual a importância dos sentidos no processo de conhecimento.

Verdade, conhecimento e percepção sensorial (visual, olfativa, gustativa, auditiva e tátil) estão relacionados a sistemas culturais historicamente determinados. A maneira como a verdade e o conhecimento são institucionalizados depende em grande medida da maneira como a percepção sensorial será padronizada social e culturalmente. Por exemplo, isso pode ser observado no universo dos índios Suyá. De acordo com o antropólogo Anthony Seeger (1980, p. 46-47), os ornamentos corporais (disco labial e auricular) expressam a inscrição física de uma concepção sobre a pessoa Suyá por meio de suas faculdades perceptivas (audição e fala) e seu sistema cognitivo e moral: "Uma pessoa que ouve e compreende mal, também age mal [...]. Quando os Suyá aprendem alguma coisa, mesmo algo visual como, por exemplo, um padrão de tecelagem, dizem: 'está no meu ouvido'". De resto, pode-se lembrar ainda a famosa sentença de Boas segundo a qual "o olho é um órgão da tradição".

Também em nossa cultura, a maneira como percebemos as coisas está relacionada à distância que assumimos perante elas. Nesse caso, a experiência etnográfica dos antropólogos constitui-se num momento privilegiado na compreensão das verdades e da produção do conhecimento social. O trabalho de campo como um "rito de passagem" exige uma reeducação dos sentidos acompanhada de uma atitude fenomenológica, cuja profundidade Merleau-Ponty (1989, p. 146-148) assinala com precisão:

> [...] Ora, em antropologia, a experiência é nossa inserção como sujeitos sociais num todo cuja síntese já está feita, e que é laboriosamente procurada por nossa inteligência, pois vivemos na unidade de uma só vida todos os sistemas de que é feita nossa cultura. Há algum conhecimento a tirar desta síntese que somos nós. Mais ainda: o aparelho de nosso ser social pode ser desfeito e refeito pela viagem, assim como podemos aprender a falar outras línguas. Há aí uma segunda via rumo ao universal: não mais o universal de sobrevoo de um método estritamente objetivo, mas como que um universal lateral, cuja aquisição é possível através da experiência etnológica, incessante prova de si pelo outro e do outro por si. Trata-se de construir um sistema de referência geral onde possam encontrar lugar o ponto de vista do indígena, o do civilizado e os erros de um sobre o outro, construir uma experiência alargada que se torne, em princípio, acessível para homens de um outro país e de um outro tempo. A etnologia não é uma especialidade definida por um objeto particular – as sociedades "primitivas" –, é a maneira de pensar que se impõe

quando o objeto é "outro" e que exige nossa própria transformação. Assim, também viramos etnólogos de nossa própria sociedade, se tomarmos distância com relação a ela. [...] Método singular: trata-se de aprender a ver o que é nosso como se fôssemos estrangeiros, e como se fosse nosso o que é estrangeiro. E não podemos sequer fiar-nos em nossa visão de despatriados: a própria vontade de partir tem motivos pessoais, podendo alterar o testemunho. Se quisermos ser verdadeiros, deveremos dizer também esses motivos, não porque a etnologia seja literatura, mas porque, ao contrário, não deixa de ser incerta a menos que o homem que fala deixe de cobrir-se com uma máscara. Verdade e erro habitam juntos na intersecção de duas culturas, seja porque nossa formação nos esconde aquilo que há para conhecer, seja porque, ao contrário, ela se torna, na pesquisa de campo, um meio para situar as diferenças do outro. Quando Frazer dizia, a respeito do trabalho de campo, "Deus me livre", não estava se privando apenas dos fatos, mas de um modo de conhecimento. Claro que não é possível, nem sempre necessário, que o mesmo homem conheça por experiência todas as verdades de que fala. Basta que tenha, algumas vezes e bem longamente, aprendido a deixar-se ensinar por uma outra cultura, pois, doravante, possui um novo órgão de conhecimento, voltou a se apoderar da região selvagem de si mesmo, que não é investida por sua própria cultura e por onde se comunica com as outras [...].

De fato, a experiência etnográfica representa uma oportunidade única e singular no processo de compreensão do "outro", de um lado exigindo do antropólogo um esforço constante de estranhamento e conjugação do universal com o particular na análise cultural, do outro possibilitando uma "fusão de horizontes" entre os pontos de vista do nativo e do antropólogo, propõe a fenomenologia. Mas, não se trata aí de uma fusão espiritual entre antropólogos e nativos, como se fosse uma única pessoa partilhando de uma mesma visão de mundo, uma única voz. Ao contrário, o processo de interpretação do significado de uma cultura corresponde na verdade a um processo de compreensão do que as pessoas dizem, pensam e acreditam que estão fazendo quando realizam uma ação social.[1]

---

[1] Há uma distância entre aquilo que as pessoas fazem e aquilo que elas dizem e pensam que fazem quando realizam um ato, muito embora os

Também a compreensão do significado do conhecimento passa pela compreensão do modo como organizamos nossos sentidos. Nesses termos, conhecimento tem menos a ver com inteligência, competência, eficácia, tecnologia, do que com o próprio sentido instituído culturalmente.

Ocularcentrismo

Em particular, no Ocidente, o olhar adquiriu ao longo do tempo um *status* filosófico e cultural superior em relação aos outros sentidos. Assim é que precisamos "ver para crer", como São Tomé precisou tocar as chagas de Cristo para acreditar no que via. Temos "visões de mundo". As expressões "à primeira vista" ou "haja vista" reforçam o sentido da visão. Para nós, uma coisa ou pessoa quando estimada é "bem vista". É preciso "ver claramente", quando se busca compreender algo, dizemos. Depende da "perspectiva" que se olha para se ver alguma coisa. "Em terra de cego quem tem um olho é rei". Os olhos carregam invejas, ciúmes, enfim, "mau olhado". Os olhos mentem ou dizem a verdade, daí a necessidade de se olhar no olho com "olhos nos olhos". "Os olhos são o espelho da alma, janela do mundo", declaram os filósofos. Com "medo nos olhos", "jogo de olhares", "menina dos olhos", "olhar de peixe morto", "olhar frio", "olho gordo", "olho comprido", tudo isso e muito mais, "só não vê quem não quer" quão importante é a visão no imaginário cultural ocidental. Na modernidade tudo deve ser visto, tudo é "espetáculo".[2]

---

estudos em antropologia da performance demonstrem quão pequena é ou mesmo que não há distância entre o dizer e o fazer.

[2] Isso não elimina, evidentemente, a importância dos outros sentidos. Da mesma forma que o olhar, também o olfato nos sugere muitas imagens como, por exemplo, quando uma coisa "não cheira bem" ou "cheira a confusão", etc. Ou então, o fato de que é a "vida amarga", brincamos com "língua de sogra", é "cuspir no prato que se comeu" é sinal de ingratidão e remete ao paladar. "Entrar por um ouvido e sair pelo outro", "fazer ouvido mouco"; "pessoa sem tato", "pegar no pesado", etc. são algumas outras imagens associadas ao paladar, à audição e ao tato.

De fato, uma longa história que vai dos gregos aos antropólogos do século XX ressalta a importância que o olhar assumiu na cultura ocidental. Entre os gregos, os olhos estão associados ao conhecimento. Em *Édipo Rei*, de Sófocles (496-406 a.C.), Tirésias, apesar de cego, vê aquilo que o filho de Jocasta não consegue ver. Por isso mesmo, ao descobrir a verdade sobre a morte do pai e o casamento com a mãe, Édipo se pune vazando os olhos. Também o *Mito da caverna*, de Platão (428-347 a.C.), é ilustrativo da importância do olhar, pois se trata de uma alegoria pedagógica da "iluminação" (no sentido de razão iluminadora) sobre o conhecimento obtido pela consciência racional através da experiência do olhar. Disso tudo extraímos uma lição antropológica: em geral, somos "cegos", se não "míopes" quando se trata de olharmos para a nossa própria realidade social e/ou cultural. É, nessa perspectiva, que o *Mito da caverna* nos parece ser uma boa metáfora para a educação do olhar.[3]

Desde o Renascimento, no século XVI, uma nova cultura da sensibilidade é, paulatinamente, posta em prática.

A diferença é que o olhar é classificado como sendo hierarquicamente superior aos outros sentidos.

[3] Segundo Novaes (1988, p. 10), "quando Platão propõe, no mito da caverna, que, por uma operação do olhar, o homem se afaste do mundo sensível, estava ao mesmo tempo dirigindo o olhar para 'um ver concentrado no mundo da Ideia'". Ao distinguir o inteligível e o sensível (visível), Platão promoveu uma ruptura na qual a Ideia se autonomiza em relação ao mundo sensível. Portanto, o verdadeiro conhecimento para Platão só pode ser alcançado pela visão dirigida ao mundo das Ideias. O olhar fixo, restrito ao mundo sensível, domesticado e embalado pelo ritmo das imagens na parede da caverna, é míope porque prisioneiro das sombras (de si mesmo). Daí a necessidade de se dirigir os olhos ao sol, à luz, para libertar-se. Para tanto, primeiro, é preciso educar a visão, ensiná-la a ver a luz. Permitindo-nos um certo trocadilho, podemos dizer que em Platão o olhar que se limita ao mundo visível perde de vista a visibilidade das coisas, isto é, a possibilidade de ver as coisas de modo mais profundo. Assim é que muitas vezes dizemos que não vemos o que está a um palmo do nariz.

Em *O processo civilizador*, Norbert Elias nos mostra que, já desde os primeiros sinais da época moderna, o Ocidente encontrou na ideia de "Civilização" seu empreendimento mais bem acabado em termos de uma nova formação social que atinge tudo e todos ao longo do tempo. A civilização designa não só um estágio de desenvolvimento material da sociedade, mas também as maneiras de comportamento, a educação das pessoas, o desenvolvimento do individualismo, as ideias religiosas e os costumes. Elias (1990, p. 79) lista as "maneiras rudes" e mais comuns de comportamento à mesa presente ainda à época do Renascimento, sob o signo de uma vigilância civilizadora:

> Uma vez após outra, encontramos advertências para que cada um ocupe o lugar que lhe foi designado e não toque, à mesa, no nariz e orelhas. Não ponha os cotovelos em cima da mesa, dizem frequentemente. Mostre um rosto alegre. Não fale demais. São frequentes os lembretes para não se coçar ou cair vorazmente sobre os alimentos. Nem deve o indivíduo pôr o que teve na boca de volta na travessa comum. Este conselho é repetido com frequência. Não menos frequente é a instrução de lavar as mãos antes de comer ou tocar no saleiro com pedaços de comida. A recomendação seguinte é repetida muitas vezes: não limpe os dentes com a faca. Não cuspa em cima ou por cima da mesa. Não peça repetição de um prato que já foi tirado da mesa. Uma instrução comum é não soltar gases à mesa. Enxugue a boca antes de beber. Não faça pouco da comida nem diga coisa alguma que possa irritar os demais. Não limpe os dentes com a toalha da mesa. Se molhou o pão no vinho, beba-o ou derrame o resto. Não ofereça aos demais o resto de sua sopa ou do pão que já mordeu. Não se assoe com barulho excessivo. Não adormeça à mesa. E assim por diante.

Uma nova economia das palavras, dos gestos, dos atos, se desenvolve na Sociedade de Corte. Assim, uma nova sensibilidade dos sentidos é posta em ação desde então. Aos poucos, uma atitude mais objetiva vai tomando lugar na vida cultural da Sociedade de Corte. Ainda de acordo com Elias (1999, p. 90),

[...] o novo código da cortesia e sua representação, sumariados no conceito de *civilité*, está estreitamente vinculado a essa maneira de ver, e aos poucos, isto se acentua ainda mais. A fim de ser realmente "cortês" segundo os padrões da *civilité*, o indivíduo é até certo ponto obrigado a observar, a olhar em volta e prestar atenção às pessoas e aos seus motivos.

Portanto, não é somente com a renovação dos conhecimentos filosóficos e científicos que se erigem a partir do século XVI, por exemplo, a renovação da geometria e da perspectiva nas ciências e artes, que vemos a mudança no *status* dos sentidos, mas também nas maneiras à mesa, na educação das crianças (puericultura), no desenvolvimento da literatura e das óperas que marcarão profundamente a vida cultural do Ocidente até hoje.[4]

Mas é com o Iluminismo que o olhar atinge a mais clara formulação de uma necessária pedagogia capaz de combater a própria cegueira provocada pela educação, isto é, os preconceitos. A crença na universalidade do homem torna-se coextensiva à visibilidade do olhar; eis o preceito da Ilustração. Concordamos com Rouanet (1988, p. 147)

---

[4] Com o Barroco acentua-se o processo de domesticação dos sentidos. Segundo Neves (1986, p. 117), até o século XVI, o olhar não atingira o *status* de meio privilegiado da investigação do universo, porque a prática da leitura era extremamente rara até então. Contudo, "no século XVI, a difusão do texto escrito apresentou-se como geradora de um sistema de reflexos em que a visão comanda a compreensão; o século XVII viu expandir e se difundir esse sistema graças aos progressos da tipografia". O barroco expressa uma visão de mundo e um estilo de vida no qual o olhar torna-se o mecanismo principal de leitura e interpretação do mundo. Vale lembrar a análise desenvolvida por Michel Foucault sobre o quadro *Las Meninas*, de Velásquez, no qual se erige um verdadeiro espelho a refletir um jogo de olhares entre as personagens. Sem dúvida, *Las Meninas* constitui-se em uma das mais expressivas representações da própria representação barroca. Subvertendo o primado da perspectiva introduzida pelo Renascimento, o Barroco explora o *trompe-l'oeil* ("enganar o olho"), isto é, retórica da ilusão de óptica em que o irreal ou ideal ganha consistência de real.

quando destaca, "o Iluminismo quer ver tudo, porque o que se esquiva à visão está sob a suspeita *a priori* de servir propósitos anti-humanos, e quer olhar corretamente, porque de outro modo a noite não seria verdadeiramente devassada". Não à toa uma das principais imagens que simbolizam o mundo iluminista da Revolução Francesa é a alegoria do brilho resultante da razão e da filosofia, ou então, o vigilante "Olho do ser supremo", a quem o *sans-cullote* se curva segundo uma iconografia de época.

A verdade é que de Platão a Merleau-Ponty, passando por Aristóteles, Descartes, Galileu, até chegar a Foucault, no século XX; da invenção do telescópio e do microscópico à câmera de vídeo e à realidade virtual, na sociedade informatizada; da perspectiva renascentista na pintura à cultura do simulacro, no mundo pós-moderno; enfim, inúmeros objetos e pensamentos lançados na história recente indicam um processo de canonização do olhar, se não de espetacularização das imagens, no mundo ocidental moderno. No centro de tudo, o olhar. A antropóloga Anna Grimshaw (2001), parafraseando Martin Jay, chama esse processo de canonização do olhar de "ocularcentrismo". Mas não é sem crítica ou crise que essa canonização se instaura. Como será visto mais à frente, o campo da antropologia é ilustrativo nesse caso. Por ora, é necessário ver a importância do olhar no século XIX.

O olho do furacão

Pode se dizer que o século XIX constitui o cenário cultural no qual se dá o "triunfo do olhar". Um conjunto de transformações sociais, políticas, econômicas, culturais e estéticas promovem uma verdadeira alteração no campo visual da sociedade moderna. Por exemplo, isso fica claro quando se toma a constituição do fenômeno urbano no espaço das cidades modernas. Também as experiências do realismo na literatura, do impressionismo na pintura, do olhar disciplinador e vigilante das ciências modernas, do observador urbano, da invenção da fotografia e do cinema e da institucionalização dos museus podem ser vistas como importantes manifestações dessa cultura do olhar. Tudo isso compõe um cenário importante para a formação da antropologia.

É dentro desse quadro de mudanças e transformações sociais que a antropologia produzida no século XIX encontra no olhar um de seus principais mecanismos de legitimação e constituição identitária. No extremo, pode se dizer que a antropologia é uma ciência do olhar. Não se trata de um olhar distante e passivo, ao contrário, o olhar designa uma ação voltada à compreensão da diferença e de seus significados. De certa forma, o papel desempenhado pela literatura na sociedade moderna serve de testemunha disso. É suficiente lembrar, o rápido e fugaz olhar de "A Uma Passante", instante eternizado pela pena do poeta d'*As flores do mal* (1895, p. 236):

> A rua em derredor era um ruído incomum,
> Longa, magra, de luto e na dor majestosa,
> Uma mulher passou e com a mão faustosa
> Erguendo, balançando o festão e o debrum;
>
> Nobre e ágil, tendo a perna assim de estátua exata.
> Eu bebia perdido em minha crispação
> No seu olhar, céu que germina o furacão
> A doçura que embala e o frenesi que mata.
> Um relâmpago e após a noite! – Aérea beldade,
> E cujo olhar me fez renascer de repente,
> Só te verei um dia e já na eternidade?
>
> Bem longe, tarde, além, jamais provavelmente!
> Não sabes aonde vou, eu não sei aonde vais,
> Tu que eu teria amado – e o sabias demais!

Paris criou o *flâneur*, que se transformou em uma das principais personagens de sua mitologia urbana moderna.

Vivido e imortalizado por Charles Baudelaire (1821-1867) e, posteriormente, pelo filósofo e historiador alemão Walter Benjamin (1892-1940), o *flâneur* é um observador do cenário urbano. Assim, por meio da escrita, o olhar e a cidade operam uma fusão formando um único corpo. Surgem os detetives da ficção moderna: Sherlock Holmes e C. Auguste Dupin, respectivamente imortalizados na escrita de Arthur Conan Doyle (1859-1930) e de Edgar Allan Poe (1809-1849). Aos poucos, a cidade vai se tornando um mundo de sinais, um cenário exótico, povoado de detetives e semiólogos, que descobrem nas ruas o seu "laboratório natural". Parafraseando Helévy, diz Benjamin (1984, p. 221), "em nosso mundo uniformizado, é ao lugar em que estamos, e em profundidade, que precisamos ir; o mudar de país e a surpresa, o exotismo mais cativante, estão bem perto", basta dobrar a rua. Eis, aí, a máxima do *flâneur*.

O detetive não se acha confinado à literatura, sua presença será inspiradora também no campo da história. O historiador Carlo Ginsburg extrai das observações da medicina, da história da arte e da literatura (através das personagens detetives) uma lição: no século XIX, se dá a emergência de um paradigma semiótico indiciário que modela a produção do conhecimento das ciências sociais e humanas e que tem na leitura dos "sinais" a sua força epistemológica. A observação de pequenos sinais, sob a exigência de uma visão microscópica, em conformidade com a disciplinarização do corpo, denunciada por Foucault em seus trabalhos sobre a medicina e psiquiatria e, particularmente, sobre as prisões, iriam revelar uma cultura do olhar cuja melhor expressão é o modelo do panóptico, proposto por Jeremy Bentham (1748-1832).

O panóptico, de certa forma, é a reatualização moderna do *Mito da caverna*, com o agravante de não ser mais um metáfora da prisão dos homens em um mundo de sombras e aparências, mas de ser a sua metonímia. Agora, a consciência da realidade obtida pela liberdade cede lugar à consciência da liberdade aprisionada pela realidade da prisão. Bentham, tal como Platão acerca da alegoria da caverna, vê no panóptico um instrumento pedagógico orientado pelo olhar da disciplina e vigilância. O panóptico, mais do que um modelo de prisão, é um sistema de disciplina e vigilância cujo efeito é produzir no indivíduo uma sensibilidade vigiada pelo exercício do olhar. Nessa perspectiva, o processo de construção do indivíduo moderno corresponde à afirmação de uma nova organização dos sentidos e das emoções.[5]

Paralelamente, o Impressionismo nas artes plásticas se consolida como um movimento moderno *par excellence*. Efemeridade, velocidade, individualidade, são algumas das características da modernidade e que serão incorporadas pelo Impressionismo. A revolução estética introduzida pelo impressionismo acentua sobremaneira o sentido do olhar. "O olho impressionista é, na evolução humana, o olho mais avançado, aquele que até aqui aprendeu e representou as combinações das mais complicadas nuanças conhecidas", declara Serullaz (1965, p. 12). Caracterizando-se pela busca da sensação visual, o cenário da pintura impressionista começa e termina na superfície da tela, isto é,

> Não se trata de representar algo que está fora e trazê-lo para dentro do quadro, mas de transportar a consciência imediata da percepção de uma imagem para o gesto pictórico. Daí o abandono da técnica do impasto pelas pinceladas curtas e imprecisas, tão incertas e fugidias quanto as luzes refletidas, seja pelas mudanças atmosféricas, seja pelo simples passar das horas e a mudança da posição do sol. O que alcança o olhar não são linhas, traços ou manchas de cor, mas relações cromáticas que serão transferidas através da pintura para a tela. (DUARTE, 1988, p. 248)

---

[5] De fato, o panóptico parece atualizar-se, como sugeria Bentham, em várias áreas da vida social sendo, sem dúvida, sua forma mais acabada os sistemas de circuito interno de *shopping centers*, aeroportos, lojas de departamento. Mas não faltam também sugestões, críticas a esse sistema, tanto que *1984*, romance de George Orwel (1903-1950), foi transformado em filme, o que mais se aproxima de uma sociedade da vigilância, "totalitariamente" observada pelas "teletelas" do "Grande Irmão" (*Big Brother*).

O que o impressionismo nos fornece são paisagens como impressões da realidade. As experiências impressionistas realizadas na série d'*A Catedral*, como fez Monet (1840-1926), são bastante expressivas dessa estética visual. Contudo, sobrepondo-se ao instante fixado pelo instante da paisagem, a eficácia da percepção visual é garantida pelo jogo das cores, luminosidade, movimento, enfim, do pontilhismo e das pinceladas rápidas inscritas nas telas. Nesse processo, o Impressionismo abre outros espaços à visão quando busca inspiração na cultura oriental. Pode-se dizer mesmo que certo exotismo toma conta dos impressionistas a ponto de levar alguns artistas a procurá-lo bem longe. Haja vista o caso de Paul Gauguin (1848-1903) que, passou a viver no Taiti, em função de dificuldades financeiras, bem como movido pelo entusiasmo das inovações impressionistas. Em entrevista de 1895, Gauguin (1982, p. 8) explica sua aventura ao Taiti, narrada em *Noa Noa*:

> Uma vez fui seduzido por essa terra virgem e pela sua raça primitiva e simples. Lá voltei e tornarei a voltar. Para fazermos algo novo, é preciso regressar às origens, à humanidade na infância. A Eva da minha escolha é quase um animal. Por isso é casta, apesar de nua. Todas as Vênus expostas no Salão são indecentes, odiosamente lúbricas [...].

Aqui a concepção das sociedades primitivas como "infância da humanidade", segue menos uma visão evolucionista predominante no século XIX do que uma visão primitivista valorizada nas artes plásticas. Também a antropologia nascente não fugiria à lógica do evolucionismo social, funcionando muitas vezes como "olhos do império" em territórios coloniais. Esse processo promoveu mesmo uma nova maneira ("científica") ao homem europeu de olhar para as colônias da África, da Ásia e da América.[6]

---

[6] Os sistemas de classificação da história natural são o melhor exemplo de um novo olhar que se desenvolvia desde o século XVIII, e que no século XIX, será incorporado pela antropologia.

O fato é que a partir do século XIX, com o nascimento das primeiras escolas de antropologia, na França, na Inglaterra e nos Estados Unidos, aos poucos os antropólogos passaram a participar de viagens de expedições com a finalidade de se estudar determinadas sociedades primitivas como, por exemplo, a pesquisa sobre populações do Canadá Ocidental organizada pela *British Association for the Advancement of Sciences*, em 1884, ou então a famosa Expedição ao Estreito de Torres, em 1898. Simbolicamente, essas expedições marcam o nascimento da antropologia moderna.

A arte de viajar

A antropologia não é uma disciplina ligada somente ao olhar, também as viagens são de fundamental importância na definição de seu campo epistemológico. Os relatos de viagens e as descrições de costumes culturais realizados por viajantes, colonizadores, missionários, militares, diplomatas, etc. estão na origem da disciplina. São os registros etnográficos de uma época e/ou de uma sociedade e, como tal, representam fontes primárias de informação histórica para os estudos de antropologia.

A viagem faz parte do *éthos* antropológico, desde que se veja nela não só um deslocamento no espaço, mas também no tempo e na hierarquia social, propõe Lévi-Strauss. Pode se começar com o sentido da viagem realizada em nosso próprio mundo, "quando, saindo de um prédio do século XVIII, entramos em outro do século XVI, precipitamo-nos numa vertente do tempo...", dirá Benjamin (1994, p. 209). Será andando pelas ruas de nossas cidades que realizamos o sentido das viagens e da aventura no mundo cotidiano. Por outro lado, será viajando para o distante mundo das sociedades primitivas que os antropólogos objetivam "resgatar" tais culturas, registrando seus costumes e hábitos, ameaçadas de desaparecimento em face das transformações urbanas do século XIX deflagradas pelo "inelutável" processo civilizatório ocidental.

Se fizermos uma pequena viagem às origens da antropologia moderna, vemos uma estreita relação das expedições etnológicas e missões científicas com os movimentos artísticos e culturais de fins do século XIX e início do século XX, na constituição da disciplina. Isso fica claro a partir das análises de James Clifford (1994, p. 73) sobre literatura e etnografia e/ou sobre as "coleções de artes" e "coleções etnográficas" as quais, diz o antropólogo, "a história das coleções (não limitada aos museus) é fundamental para uma compreensão da maneira como os grupos sociais que inventaram a antropologia e a arte moderna *apropriaram-se* das coisas exóticas, dos fatos e significados". O que se observam nessas histórias de apropriações não são somente apropriações das coisas exóticas, mas, sobretudo, um processo de "invenção do exótico".[7]

Na França, o "exotismo" também representou um estímulo para muitas atividades ligadas ao surrealismo e à nascente etnografia moderna. A criação do *Institut d'Ethnologie*, por Marcel Griaule, Marcel Mauss e Lucien Levy-Bruhl em 1925, e do *Musée de L'Homme*, em 1934, até sua inauguração em 1938, por iniciativa de P. Rivet, a revista *Document*, editada por Georges Bataille desde fins dos anos 1920 e a famosa *Missão Dakar-Djibouti* entre 1931-1933, ainda que representassem esforço acadêmico orientado pelo humanismo de uma ciência em formação, não conseguiram fugir completamente à encenação do exótico inscrito no "surrealismo etnográfico". De acordo com Clifford (1998, p. 160), o *Musée de L'Homme*, forneceu um modo de representação mais consoante com os moldes da ciência, embora tenha permanecido "congruente, em importantes aspectos, com

---

[7] A maneira como os museus dispunham seus objetos de artes e artefatos etnográficos no século XIX, sob muitos aspectos, contribuiu sobremaneira para uma visão "exótica" do "outro". Na medida em que os objetos coletados eram transferidos de seu contexto cultural específico para os museus, onde eram organizados com base em sistemas de classificação da história natural, eles sofriam um processo de "objetificação".

o surrealismo etnográfico". Também o aparecimento do Collège de Sociologie, em fins dos anos 1930, cujo propósito era estabelecer o rigor científico com as experiências pessoais dos etnógrafos, fez acentuar os ecos do surrealismo na etnografia francesa em formação. Tudo isso fica claro nos textos etnográficos, paradigmaticamente representados pela "etnografia surrealista" de Michel Leiris em *África fantasma*; ele que seria um dos principais protagonistas do Collège. De um modo geral, a experiência etnográfica francesa nos anos 1920/1940, seria profundamente marcada pelo surrealismo. O resultado é uma representação etnográfica em que se acusa a presença da *"collage"*, isto é, uma montagem na qual os elementos, não estando totalmente integrados, não atingem o mesmo efeito realista à maneira do "realismo etnográfico" de Malinowski.

De fato, o movimento histórico da antropologia parece em sintonia com os movimentos que se desenvolveriam nas artes plásticas. Assim, no exato momento em que o impressionismo começa a ganhar destaque na pintura, também os antropólogos se lançam ao campo, nas sociedades primitivas. Na medida em que a antropologia se desenvolve, o olhar dos artistas muda de foco com as experiências do cubismo. Anna Grimshaw traça um paralelo entre o trabalho etnográfico do antropólogo inglês Rivers e o nascimento do cubismo no início do século XX. As "árvores genealógicas" dos estudos de parentesco têm como referência o diagrama (representação gráfica de fatos ou relações que expressam a organização e o funcionamento das máquinas, instituições, etc.) cujo modelo expressa o ideal de objetividade na medida em que reduz o mundo visível a um esquema abstrato de funcionamento. A influência do primitivismo pode ser vista no quadro de Pablo Picasso (1881-1973) *Les mademoiselles d'Avignon* (1907), considerado o deflagrador do movimento.[8]

---

[8] O cubismo representou uma experiência renovadora nas artes na medida em que rompeu com a representação da arte como imitação da

Nos Estados Unidos, até certo ponto, as coisas não são muito diferentes. Pode-se identificar certo espírito "romântico primitivista" na "antropologia apolínea" (assim batizada por Stocking Jr.) de Ruth Benedict, Edward Sapir, Robert Redfield, Margareth Mead e outros. Os Estados Unidos viviam um ambiente de questionamentos intelectuais e performances culturais como as experiências dadaístas de Marcel Duchamp (1887-1968) em 1917, em Nova York. Paralelamente, grupos de artistas como "Os Oito", que pintavam cenas da vida urbana, ou o grupo liderado por Alfred Stieglitz (1864-1946), denunciando os efeitos perversos da industrialização sobre as individualidades, ou ainda a realização das exposições de artes modernas em 1913, o "Armory Show", um evento de caráter internacional, são alguns dos exemplos de efervescência cultural no cenário norte-americano da primeira década do século XX. Nos anos 1930, seria a vez do "realismo social", movimento artístico que chegou a ser incorporado pelo governo em anos de depressão, fornecendo emprego a artistas para decorarem edifícios públicos.[9] O ponto em comum que parece orientar esses movimentos artísticos bem como a crítica cultural promovida pelos intelectuais da época consiste na valorização dos aspectos da vida urbana cotidiana aliada a uma crítica da civilização moderna.[10]

---

natureza. Se, inicialmente, isso é visto como estímulo à liberdade de criação do artista, nem por isso deixou de influenciar a antropologia nascente que procurava desenvolver rigorosos e objetivos modelos científicos de análise e acabou encontrando inspiração na proposta de geometrização da pintura cubista. Esse movimento também influenciaria Lévi-Strauss no início de sua carreira.

[9] Não se pode esquecer ainda a experiência surrealista em solo nova-iorquino acompanhada de perto por Lévi-Strauss. A ideia de Nova York funcionando como um *cronotopo*, sugerida por James Clifford, dá bem o tom da simultaneidade de experiências culturais nesse momento.

[10] A este respeito, ver a crítica cultural de Veblen (1965) acerca do "consumo conspícuo", assim como a crítica de Sapir em *Culture genuine and spou-*

Creio que o melhor exemplo dessa crítica à civilização moderna será fornecida anos mais tarde, por Lévi-Strauss, em *Tristes trópicos* (1979, p. 32), originalmente publicado em 1955. "O que vós, viagens, nos mostrais actualmente em primeiro lugar são os nossos excrementos lançados à face da humanidade" diz o antropólogo. Nessas viagens pelos "tristes trópicos", nesse "outro" que somos nós, Lévi-Strauss denuncia não só o fim do exótico, mas, de maneira metafórica, o fim da própria civilização. Como que assumindo uma postura benjaminiana, o antropólogo confere aos trópicos o sentido da "ruína", haja vista a sentença lévi-straussiana: "um espírito malicioso definiu a América como sendo uma terra que passou da barbárie à decadência sem conhecer a civilização" (p. 89). Triste lição a dos trópicos, pois:

> Ao fim e ao cabo, estou prisioneiro duma alternativa: ora viajante antigo, confrontado com um espetáculo prodigioso ao qual tudo ou quase tudo passaria despercebido – ou pior, inspiraria troça e desprezo–; ora viajante moderno, correndo atrás dos vestígios duma realidade desaparecida. Fico a pender em qualquer destes dois quadros, e mais do que poderia parecer; porque não serei eu quem geme diante de sombras, impermeável ao verdadeiro espetáculo que toma forma neste momento, mas para a observação do qual meu grau de humanidade não possui ainda a sensibilidade necessária? Dentro de alguns centos de anos, outro viajante, tão desesperado como eu teria podido ver e que não aprendi. Vítima como sou duma dupla enfermidade, tudo o que vejo me fere, e censuro-me sem cessar de não observar o suficiente. (p. 38)

As viagens podem ser vistas como experiências relacionadas não só ao deslocamento no espaço e no tempo, mas, sobretudo, como experiências do olhar.[11] Assim, em conti-

---

rius (1924). Também é oportuno lembrar-se de *Mal estar na civilização*, de Freud (1936).

[11] Uma das coisas que fazem do livro de Lévi-Strauss um marco na antropologia moderna é o fato de ele ultrapassar o projeto biográfico e invadir o campo epistemológico da ciência antropológica. Mas será em torno do sentido das viagens que a reflexão de Lévi-Strauss oferece uma

nuidade a nossa viagem, a observação de uma outra cultura exige do antropólogo, a exemplo dos ritos de passagem, um processo de "educação dos sentidos" no qual o olhar, o ouvir e o escrever se destacam no trabalho de campo.

A educação dos sentidos

De acordo com Roberto Cardoso de Oliveira em *O trabalho do antropólogo*, o olhar, o ouvir e o escrever representam não só três momentos importantes, mas também três "faculdades de entendimento" fundamentais no trabalho de campo do antropólogo. Tanto que se pode sugerir através dessas faculdades o sentido da própria constituição histórica da disciplina antropológica. Assim, o olhar designa os momentos iniciais de constituição da própria antropologia, quando a viagem se torna uma exigência no deslocamento do antropólogo para as sociedades primitivas. Com isso, se legitimava e justificava em parte a própria existência da disciplina. Mesmo viajando para as distantes sociedades primitivas, mesmo que fosse realizando a "observação participante", o antropólogo garantia a objetividade do conhecimento científico por meio de um olhar disciplinado e relativamente distante. O ouvir não está restrito à prática do trabalho etnográfico, mesmo que tenha no encontro etnográfico do antropólogo com o nativo sua melhor possibilidade de realização através do exercício do diálogo. É preciso ouvir o que o outro tem a dizer, seja ele o nativo da sociedade primitiva, seja ele o "nativo" de uma "tribo urbana" nas sociedades contemporâneas e, sobretudo, quando o "outro" é um membro da "tribo acadêmica". De fato, no momento em que a antropologia passa a anunciar o desaparecimento das sociedades primitivas, os antropólogos viram-se obrigados a "dar ouvidos" a outras

---

significativa contribuição ao entendimento da etnografia. A etnografia deve ser vista como uma experiência complexa e profunda que envolve tanto o trabalho de campo *stricto sensu* quanto o processo de escrita do texto etnográfico.

vozes nem sempre vindas dos lugares mais longínquos da terra, às vezes muito próximas, vindas do interior de sua própria sociedade. Escrever, Geertz já o disse, é o que o antropólogo faz. O antropólogo escreve. Haja vista que uma das preocupações constantes do próprio saber/fazer da antropologia na atualidade é justamente com a escrita, com o próprio texto etnográfico. Assim, repensar a escrita da antropologia é repensar própria trajetória da disciplina, suas práticas, suas estratégias, seus objetos, seus enunciados; no dizer de Foucault, é repensar sua formação discursiva. Com efeito, é fazer um exercício de autorreflexão, exercício hermenêutico, o qual nem sempre os antropólogos dizem coisas novas, mas nem por isso menos inovadoras.

Muitas vezes o sentido do "ouvi dizer..." constitui-se na única e principal fonte de referências das informações contidas nos relatos de viagens, o que tem contribuído para a proliferação de representações exóticas de povos e culturas espalhados pela terra desde os gregos. O historiador Heródoto realiza um trabalho até certo ponto próximo daquilo que os antropólogos designam por etnografia. Enquanto viajante do mundo grego, Heródoto relata várias vezes em sua *História* que ouviu dizer entre os habitantes de um determinado país que as coisas se passaram daquela maneira; em seguida passa a relatá-las. Em outras passagens ele deixa margens a dúvidas quanto aquilo que acredita e não acredita a partir do que lhe contam. A verdade é que as narrativas ou relatos de viagens são recheados de curiosidades, maravilhas e imagens difíceis de se acreditar, quiçá provar. Mas, apesar de nos apresentar, às vezes, seres que parecem ter saído de uma ficção científica, como nos mostram as narrativas de viagens de Marco Polo pelo Oriente, elas são significativas na medida em que revelam o imaginário social de uma época. Assim é que, no Reino de Lambri, diz o viajante veneziano: "Neste reino há homens que têm uma cauda com um cumprimento de mais de um palmo, e são mesmo a maior parte; vivem longe da cidade nas montanhas. As caudas são grossas como as dos cães; têm muitos unicórnios, muita caça e muitas aves (s.d., p. 124). Ou ainda, a respeito da ilha de Madagascar, relata Marco Polo (p. 142)

> [...] dizem alguns [mercadores] que há lá pássaros fabulosos e que estes pássaros aparecem em certa época do ano; mas não são feitos como se diz por cá, ou seja, meio pássaro meio leão, mas são feitos como as águias e são grandes como contarei. Apanham o elefante e levam-no pelo ar e depois deixam-no cair e esse fica todo desfeito e depois comem-no.

Em termos convencionais, é difícil estabelecer e saber aqui onde termina a ficção e onde começa a realidade. Talvez seja mesmo impossível e, provavelmente, isso nem é mesmo o mais importante.

À pergunta "como provar a existência dos impérios poderosos, de suas riquezas infinitas, dos monstros inconcebíveis?", presentes nos relatos dos viajantes, Guillermo Giucci (1992, p. 98), responde o seguinte:

> O aventureiro recorre a uma estratégia narrativa frequente nos discursos do maravilhoso: a paralipse. Aparenta omitir as descrições das coisas inconcebíveis, que indiretamente sugere com frases como "o que ali vi não vos poderia contar", "não tem par neste mundo". Simultaneamente, liberta a imaginação do leitor e ressalta a "honestidade" do narrador. Essa defesa da ficção se completa com distinções que separam o visto do ouvido. Em várias passagens Mandeville não assevera, e sim transfere a responsabilidade. O uso de fórmulas tais como "dizem", "eu ouvi dizer", "porque eu não estive ali" garante, por via indireta, a verdade dos enunciados anteriores, destaca o empirismo do testemunho ocular e constitui critério de objetividade. Legitimação pela autoridade, paralipse, distinção entre o visto pessoalmente e o ouvido de outros, as diversas estratégias utilizadas ao longo do texto contribuem para a manutenção do inadmissível da narração dentro dos limites da verossimilhança.

Se os relatos de viagens não atestam a verdade dos fatos, atestam, por outro lado, a realidade do imaginário. Como diz Alfredo Bosi (1993, p. 176), "é próprio da imaginação histórica edificar mitos que, muitas vezes, ajudam a compreender antes o tempo que os forjou do que o universo remoto para o qual foram inventados". Nesse sentido, tais relatos são reveladores muito mais de certo imaginário social do que efetivamente de uma realidade que se pode dizer "realmente" verdadeira.

Os relatos de viagens nos ajudam a compreender não só os limites entre o olhar, o ouvir e o escrever inscritos nas narrativas etnográficas, mas também as diferenças entre as narrativas dos viajantes e a dos antropólogos profissionais. A etnografia realizada pelo antropólogo no trabalho de campo difere das etnografias desenvolvidas pelos viajantes ao menos em dois pontos básicos. Primeiro, a etnografia realizada pelos viajantes são narrativas de viagens cujo objetivo maior consiste em descrever a experiência da própria viagem. Ainda que em antropologia a viagem seja fundamental porque é parte da profissão, pois o antropólogo ao deparar-se com o "outro", o diferente, o exótico, ganha em experiência aquilo que também vivem os viajantes, a verdade é que as monografias antropológicas suspendem a aventura da jornada e priorizam o momento de chegada quando muito o momento de saída de suas sociedades em estudo. Segundo, a etnografia realizada pelo antropólogo em seu trabalho de campo é motivada pela colocação de um problema, isto é, o antropólogo busca responder uma questão ou problema previamente levantado por ele e/ou sugerido por outros autores.[12] Assim, o que caracteriza o trabalho etnográfico do antropólogo é a compreensão e a interpretação do padrão de um sistema ou estrutura social. De acordo com Roberto DaMatta (1993a, p. 39), a diferença entre os relatos de viagens da etnografia antropológica propriamente dita

---

[12] É bem verdade que muitos antropólogos reconhecem que tal problemática pode ser repensada a partir de sua presença em campo, por exemplo, o caso clássico de Evans-Pritchard (1985, p. 84) que sugere priorizar o que encontra na sociedade que escolheu estudar, pois o antropólogo "trabalha também dentro dos limites impostos pela cultura do povo que investiga. Se são pastores nómades, tem de estudar o nomadismo pastoril. Se andam obcecados pela feitiçaria, tem de estudar a feitiçaria. Não tem outra saída senão a de seguir os padrões culturais locais".

É que nos relatos antropológicos *busca-se* dialogar com certa problemática, enquanto na viagem *encontra-se* uma série de aventuras (episódios inesperados que permeiam o texto e provocam a imaginação do leitor); nela, o narrador é um autor, gozando como tal a liberdade individual de alterar a ordem de certos eventos e até mesmo da realidade que está visitando. É essa possibilidade que engendra o sentido da aventura e mantém o clima de exotismo. Assim, as passagens mais emocionantes do seu texto são aquelas nas quais as coisas "acontecem" com ele.

A etnografia antropológica parte de um problema que orienta o olhar do antropólogo ao mesmo tempo que relativiza o sentido do "ouvi dizer". Com os olhos e os ouvidos disciplinados pelas exigências do trabalho científico, no campo o que é visto e ouvido é fundamental para a interpretação antropológica e torna-se fonte de legitimidade e objetividade. A diferença em relação à etnografia dos relatos de viagens é que, o que é puramente episódico ou exótico, fica em segundo plano na monografia antropológica, e em seu lugar busca-se atingir as estruturas e os sistemas sociais. Por isso, quando Evans-Pritchard estuda os nuer, mais do que apreender os aspectos exóticos da cultura, previamente orienta suas observações de campo ao estudo do sistema político daquela sociedade ou povo; o mesmo aplica-se a Raymond Firth quando estuda os tikopia, ou melhor, a estrutura social daquela comunidade; ou ainda a Bronislaw Malinowski quando estuda os trobriandeses através de seus sistemas de trocas condensado no ritual do kula.

Uma reflexão antropológica sobre os significados do olhar e do ouvir no processo de constituição do conhecimento científico nos chama a atenção para um duplo aspecto: primeiro, os sentidos do olhar e do ouvir assumem importância significativa na prática etnográfica do trabalho de campo do antropólogo na medida em que problematiza o próprio processo de conhecimento do campo antropológico; segundo, a maneira como esses sentidos são revelados encontra-se inscrita na escrita do texto etnográfico ou da narrativa monográfica realizada pelo antropólogo, portanto, o campo do conhecimento antropológico está relacionado com a forma da escrita.

A escrita antropológica ganhou nos últimos tempos grande relevância nas reflexões sobre o fazer da antropologia. É por meio da escrita que, em última instância, o antropólogo organiza as culturas que estuda e, também, a sua própria. Como nos lembra o antropólogo Roy Wagner, a cultura é uma "invenção" cuja função principal é a de produzir um sentido, tornar inteligível nossas ações e representações, auxiliando no processo de compreensão das nossas experiências sociais e das dos outros. Nesses termos, cultura é uma categoria do pensamentos antropológico.

Com variados graus de liberdade, o olhar, o ouvir e o escrever guardam uma estreita relação com o *éthos* científico na medida em que são informados e orientados pelos paradigmas, pelas teorias e pelos métodos da disciplina antropológica. Assim a realidade passa a ser vista sob um certo prisma, as pessoas são ouvidas com mais atenção, a escrita inscreve o dito por meio da interpretação antropológica. Em suma, sem um olhar, um ouvir e uma narrativa reflexiva que caracteriza a observação antropológica, capaz de dar vida e voz a um "outro", o antropólogo corre o risco de não superar a "teoria nativa" nem de superar-se em seu etnocentrismo.

Uma experiência indisciplinada

Se, inicialmente, o trabalho de campo representou uma oportunidade de se ultrapassar os limites teóricos e metodológicos impostos pela "antropologia de gabinete" (o antropólogo não vai ao campo), na medida em que abriu a possibilidade de se estudar *in loco* a vida, os costumes, os mitos, os ritos, as formas de estruturação e organização das sociedades primitivas, cujo risco eminente de desaparecimento foi alertado por vários antropólogos desde o início do século passado, com o tempo tornou-se uma quase exigência na produção de conhecimento e desenvolvimento da própria disciplina bem como passou a designar uma espécie de rito de passagem (iniciação), em especial, para o aspirante a antropólogo. Então, qual é a especificidade do trabalho de campo?

Não existe receita para se fazer trabalho de campo, embora tenham sido produzidos vários manuais ou guias de estudos que buscam orientar o "olhar do etnógrafo" durante o trabalho de campo. São exemplares, nesse caso, o *Guia prático de antropologia*, publicado pela primeira vez em 1874, preparado por uma comissão do Real Instituto de Antropologia da Grã-Bretanha e da Irlanda, e o *Manual de etnografia*, de Marcel Mauss, originalmente publicado em 1947. A título de exemplo, na introdução do *Guia prático* encontramos a seguinte advertência:

> Os amadores sem adestramento antropológico, que se interessam pelas áreas em que vivem e desejam dedicar suas horas de lazer à observação antropológica, tendem a presumir-se isentos de preconceitos. Isto, contudo, está longe de ser exato; todo indivíduo é o produto de uma tradição cultural e de uma educação particular e, por isso mesmo, já está social e psicologicamente condicionado. A menos que esteja cientificamente treinado, sua observação será, sem dúvida, prejudicada por atitudes mentais preconcebidas. Além disso, é tão comum considerarem-se "naturais" os hábitos e costumes normais do ambiente cultural da pessoa, que o observador pode ser levado a julgar indignas de registro algumas formas de comportamento semelhantes, e anormais quando acentuadamente diferentes do que é costumeiro em sua própria cultura. Isto ocorre sobretudo quando se trata de ideias morais e religiosas. É precisamente para contornar êsses obstáculos que se elaboraram as notas e problemas dêste volume, assim como para indicar as linhas de investigação que merecem ser seguidas e o método de obter e registrar os fatos pertinentes. (REAL..., 1973, p. 46)

O trabalho de campo é sempre uma "experiência indisciplinada", muito embora desde a etnografia de Malinowski realizada com os trobriandeses do Pacífico Ocidental, entre os anos de 1914-1915 e 1917-1918, institucionalizando a observação participante no campo da antropologia, os antropólogos posteriores passassem a seguir certo "modelo malinowskiano" de fazer etnografia. A famosa descrição de sua chegada às ilhas Trobriand, já revela as dificuldades a serem enfrentadas e a falta de controle completo quando se está no campo:

Imagine-se o leitor sozinho, rodeado apenas de seu equipamento, numa praia tropical próxima a uma aldeia nativa, vendo a lancha ou o barco que o trouxe afastar-se no mar até desaparecer de vista. Tendo encontrado um lugar para morar no alojamento de algum homem branco – negociante ou missionário – você nada tem para fazer a não ser iniciar imediatamente seu trabalho etnográfico. Suponhamos, além disso, que você seja apenas um principiante, sem nenhuma experiência, sem roteiro e sem ninguém que o possa auxiliar – pois o homem branco está temporariamente ausente ou, então, não se dispõe a perder tempo com você. Isso descreve exatamente minha iniciação na pesquisa de campo, no litoral sul da Nova Guiné. Lembro-me bem das longas visitas que fiz às aldeias durante as primeiras semanas; do sentimento de desespero e desalento real com os nativos e deles conseguir material para a minha pesquisa. Passei por fases de grande desânimo, quando então me entregava à leitura de um romance qualquer, exatamente como um homem que, numa crise de depressão e tédio tropical, se entrega à bebida. (MALINOWSKI, 1978, p. 19)

Antes de mais nada, é preciso estar atento às consequências dessa descrição, pois ela anuncia a primeira grande barreira a ser ultrapassada no trabalho de campo, isto é, o fato de que muitas vezes ele é visto como "uma experiência aureolada com os prestígios do exotismo", denuncia Copans (1981, p. 59). Exotismo esse que muitas vezes assume feições de um mito.[13] Não se nega a importância do trabalho de campo, seu caráter extraordinário e, sem dúvida, a experiência exótica que ele encerra, contudo o significado mítico da aventura malinowskiana está longe de ser plenamente realizado e ritualizado pela maioria dos antropólogos. É bem verdade que vários antropólogos e várias comunidades estudadas por eles ganharam notoriedade na medida em que saíram do completo anonimato para as páginas especializadas ou simplesmente conquistaram os noticiários dos *mass media*. Um bom exemplo é o sucesso editorial do antropólogo Carlos Castañeda (1935-1998) nos anos 1960 com *A erva do diabo*,

---

[13] Em parte, muito do exotismo que povoa o trabalho de campo deve-se à carreira e aos trabalhos de campo de vários antropólogos, sendo a experiência de Malinowski uma espécie de "mito de fundação".

livro no qual narra suas experiências com alucinógenos pelas mãos do bruxo Don Juan, no México, e ao qual se seguiram outros.[14] No entanto, o trabalho de campo não é garantia, por si só, de um prestigiado exotismo, no sentido de uma aventura romântica no estilo cinematográfico de Indiana Jones. Ao contrário, mais próximo de Robinson Crusoé, o antropólogo, uma vez longe de casa, do conforto, da família e dos amigos, vive "dramaticamente" a solidão, a saudade, o desconforto, o preconceito, a falta de privacidade. Evans-Pritchard (1978a, p. 18) em seu estudo sobre os nuer, povo nilótico, do Sudão, relata:

> Os Nuer são peritos em sabotar uma investigação e, enquanto não se morou com eles por algumas semanas, ridicularizam firmemente todos os esforços para extrair os fatos mais corriqueiros e para elucidar as práticas mais inocentes. Na terra dos zande, obtive mais informações em alguns dias do que obtive na terra dos Nuer em igual número de semanas. Depois de algum tempo, as pessoas estavam preparadas para me visitar em minha barraca, fumar meu tabaco e mesmo fazer brincadeiras e bater papo, mas não estavam dispostas nem a me receber em seus abrigos contra o vento, nem a discutir assuntos sérios. Perguntas sobre costumes eram bloqueadas com uma técnica que posso recomendar aos nativos que são incomodados pela curiosidade dos etnólogos.

Evans-Pritchard chega a dizer que após se viver algum tempo com os nuer, sofrendo toda espécie de sabotagem, logo o antropólogo passa a sofrer de "nuerose", pois quase se fica louco com eles. Mais do que exceção, esses sentimentos são constitutivos da rotina do trabalho de campo e confirmam o seu lado extraordinário e, ao mesmo tempo, o mais humano. Esses aspectos designam aquilo que o antropólogo Roberto DaMatta (1987, p. 169) chama *"anthropological blues"*:

> Seria possível dizer que o elemento que se insinua no trabalho de campo é o sentimento e a emoção. Estes seriam, para pa-

---

[14] Evidentemente que o sucesso editorial de Castañeda se deve ao seu estilo literário, mas, sobretudo, ao movimento da contracultura nos anos 1960. Contudo, isso não elimina o brilho exótico da experiência antropológica do autor.

rafrasear Lévi-Strauss, os hóspedes não convidados da situação etnográfica. E tudo indica que tal intrusão da subjetividade e da carga afetiva que vem com ela, dentro da rotina intelectualizada da pesquisa antropológica, é um dado sistemático da situação. Sua manifestação assume várias formas, indo da anedota infame contada pelo falecido Evans-Pritichard, quando diz que estudando os Nuer pode-se facilmente adquirir sintomas de "Nuerosis", até as reações mais viscerais, como aquelas de Lévi-Strauss, Chagnon e Maybury-Lewis quando se referem à solidão, à falta de privacidade e à sujeira dos índios.

O trabalho de campo é parte de um campo epistemológico no qual estão envolvidos não só o trabalho da escrita, mas também o significado do ofício do etnólogo em campo. Haja vista o que nos diz o antropólogo Evans-Pritichard (1978b, p. 305), sobre o significado de suas experiências etnográficas em outra cultura: "eu diria que aprendi mais sobre a natureza de Deus e nossa condição humana com os nuer do que com tudo que me ensinaram em casa". E, acrescenta Geertz (2001, p. 43), "o trabalho de campo é uma experiência educativa completa. O difícil é decidir o que foi aprendido". Não há como negar o valor dessas lições antropológicas a todo aquele que queira aprender um pouco mais da sua própria sociedade e cultura. Para tanto precisamos sair delas, mesmo de modo imaginário, se quisermos realmente compreendê-las e, assim, quem sabe, podermos exercer a arte de viajar e praticar o ofício do olhar antropológico. Nesse sentido, devemos lançar um olhar sobre o fazer antropológico a fim de se observar até que ponto aquilo que dizem que fazem está em sintonia com aquilo que, efetivamente, fazem quando fazem antropologia. Então, à pergunta de Geertz, o que o antropólogo faz(?): é etnografia. Mais do que uma resposta pronta e acabada, representa um esforço de problematização em torno do pensamento e da prática antropológica.

Igual atenção deve ser dispensada ao conceito de cultura; objeto do próximo capítulo.

Capítulo III

Cultura como teoria e método

Cultura e educação

A história do conceito de Cultura remonta ao pensamento greco-latino clássico. Para os romanos, cultura (do latim *colere* = cultivar) significava o ato de cultivar o espírito (*cultura animi*). Assim, o cuidado com as plantas e o cultivo da terra (agricultura), com os deuses e o sagrado (culto), estendia-se também às crianças (puericultura), no sentido amplo de educação (*Paideia*). Durante o período medieval, a forte presença da religião vinculou a cultura ao processo de formação das almas.

A partir do século XVI, o conceito de cultura passou a articular-se, ora positiva ora negativamente, com o conceito de civilização. Inicialmente, o conceito de civilização referia-se ao que era "civil", entendido como ordem social composta de homens educados e polidos. Mas não demorou muito para que o termo civilização passasse também a designar um estágio ou uma etapa do desenvolvimento histórico ocidental equivalente a progresso. Desde então, ao aproximar-se do conceito de civilização, cultura passou a exprimir os aspectos do desenvolvimento material da sociedade ocidental moderna. Nesse contexto, cultura era entendida como expressão livre da razão e da vontade esclarecida, algo separado do reino natural, do mundo das causas e das leis mecânicas que o regem. Operava-se, a partir desse momento, uma distinção entre a matéria e o espírito, inversa ao pensamento greco-romano.

Rompia-se assim com a ideia de uma harmonia cósmica, na qual os contrários estabeleciam a harmonia do mundo, idealizada pelos gregos. De acordo com Muniz Sodré (1983, p. 21-22).

> A moderna (pós-renascentista) noção de cultura é retomada de *paideia*, gerada pelos sofistas no século IV a.C., com o sentido de educação do homem, enquanto indivíduo-cidadão, ajustado à Polis. A paideia – conjunto da poesia, artes, ciências, leis –, dos sofistas equivale ao que os romanos chamariam depois de *cultura animi*, o processo de formação humanística do indivíduo. A noção, vê-se, faz parte de uma *ratio* que não é mais a razão cósmica de Heráclito, mas a razão do Estado, medida ideal de toda educação para os sofistas. Poder de Estado e ação pedagógica constituem agora o campo cultural, isto é, compõem as condições de admissão de um fato como pertencente à paideia.

Coube a Erasmo de Rotterdam (1467-1536) o desenvolvimento da ideia de "civilidade" como expressão de bons costumes, regras de comportamento, enfim, etiqueta social, preconizando o início da pedagogia infantil em sua época. Embora a criança não fosse desconhecida e estranha ao imaginário medieval, Philippe Ariès observa em sua *História social da criança e da família* que "no século XV surgiram dois tipos novos de representação da infância: o retrato e o *putto*. A Criança [...] não estava ausente da Idade Média, ao menos a partir do século XIII, mas nunca era o modelo de um retrato, de um retrato de uma criança real..." (1986, p. 56). A criança era até então imaginada como anjo ou santo. Não por acaso, à descoberta da infância, logo surgiriam as escolas com ensino laico e divididas por idade, bem como as preocupações científico e pedagógicas com o método visando um melhor processo de conhecimento e ensino-aprendizagem. Nesse caso é suficiente lembrar os nomes de René Descartes (1596-1650) com o seu *Discurso do método* (1637), no campo da ciência, e *Didactica magna* (1657), de Comenius (1592-1670), considerado o "pai da pedagogia moderna".

A cultura, em sentido amplo do termo, carrega em sua história uma estreita associação com a educação e, portanto, com a formação do indivíduo. Assim, na perspectiva desenvolvida por Norbert Elias, o processo civilizatório pressupõe a formação de um amplo e complexo sistema cultural a partir do qual se desenvolve uma nova sensibilidade. Trata-se de um processo de domesticação das paixões e dos costumes envolvendo desde as maneiras de sentar-se à mesa, passando pelos hábitos de higiene e privatização do sexo, ao desenvolvimento de regras de sociabilidade altamente desenvolvidos na forma da etiqueta social durante as sociedades de corte do Antigo Regime na Europa. O resultado será, em longo prazo, a produção de um novo homem, o homem moderno e civilizado, que, além de ter em mente o desenvolvimento aguçado das regras de comportamento na vida social, também desenvolve uma aguda autoconsciência de si e autocontrole de suas emoções e paixões em público. No conjunto, civilização expressa não somente o desenvolvimento intelectual ligado às boas maneiras na educação e na formação do homem, mas também o desenvolvimento material da sociedade em direção ao progresso. Assim, civilização é um conceito que será empregado para "expressar a consciência que o Ocidente tem de si mesmo", salienta Elias (1990, p. 23). Em outras palavras, todo esse processo civilizatório de constituição de uma nova sensibilidade e produção de um novo homem corresponde, na verdade, ao processo de consolidação da racionalidade no mundo moderno. Mas, em oposição ao conceito de civilização tal como os ingleses e franceses o concebiam, enquanto referência ao progresso alcançado pelo ocidente e pela humanidade, os alemães tomariam para si a ideia de *Kultur*, como expressão de orgulho em suas próprias realizações e no próprio ser. Norbert Elias resume essa discussão apontando para o fato de que:

> Até certo ponto, o conceito de civilização minimiza as diferenças nacionais entre os povos: enfatiza o que é comum a todos os seres humanos ou – na opinião dos que o possuem – deveria sê-lo. [...] Em contraste, o conceito alemão de Kultur dá ênfase especial às diferenças nacionais e à identidade particular de grupos. [...] Enquanto o conceito de civilização inclui a função de dar expressão a uma tendência continuamente expansionista de grupos colonizadores, o conceito de Kultur reflete a

consciência de si mesma de uma nação que teve de buscar e constituir incessante e novamente suas fronteiras, tanto no sentido político como espiritual, e repetidas vezes perguntar a si mesma; *Qual é, realmente, nossa identidade?*. (ELIAS, p. 25)

O quadro abaixo sintetiza a concepção de identidade embutida nos conceitos de civilização e cultura, dentro das tradições inglesa e francesa e, em oposição à alemã, respectivamente:

Conceitos	Tradições	Movimentos	Concepção
Civilization/ Civilisation	Inglaterra e França	Iluminismo	Universal
Kultur	Alemanha	Romantismo	Particular

Ambas as tradições, desde cedo, contaram com a colaboração de outros conceitos que, aqui, só podemos indicar sua relevância. Trata-se dos conceitos de nação e de identidade. Epistemologicamente, o conceito de identidade parece estar cognitivamente em sintonia com o espírito modernista do Estado-Nação regido por princípios científicos (abstratos) racionais (consciente) e universais (igualitário), ao passo que a cultura remete para os motivos da "cor local", do *éthos* de um povo, do plano das experiências cotidianas, enfim, para o campo da tradição. Quando aplicados a contextos históricos específicos, descobrimos o quanto é difícil a compreensão de casos como o da sociedade brasileira cuja influência das tradições é incontestável.[1]

Apesar de tudo, o conceito de cultura permaneceu sinônimo de civilização por muito tempo. Mas os inúmeros sentidos atribuídos à cultura no contexto histórico do século XIX apontam para a sua abertura de sentido desde então, tal é o que nos sugere Raymond Williams (1969, p. 18) em *Cultura e sociedade: 1780-1950*:

---

[1] O Brasil moderno viverá um dilema entre o ideal civilizacional estabelecido pelo iluminismo francês e a experiência de uma realidade cultural que sob muitos aspectos identifica-se com aquela protagonizada pelo romantismo alemão.

Anteriormente significara, primordialmente, *tendência de crescimento natural* e, depois, por analogia, um processo de treinamento humano. Mas este último emprego, que implicava, habitualmente, cultura de alguma coisa, alterou-se, no século dezenove, no sentido de cultura como tal, bastante por si mesma. Veio significar, de começo, *um estado geral ou disposição de espírito*, em relação estreita com a ideia de perfeição humana. Depois, passou a corresponder a *estado geral de desenvolvimento intelectual no conjunto da sociedade*. Mais tarde, correspondeu a *corpo geral das artes*. Mais tarde ainda, no final do século, veio a indicar *todo um sistema de vida, no seu aspecto material, intelectual e espiritual*. Veio a ser também, como sabemos, palavra que frequentes vezes provoca hostilidade ou embaraço.

Posteriormente, o conceito de cultura ganharia ainda inúmeros outros significados, ao mesmo tempo em que assumia diversas distinções teóricas a partir do trabalho analítico de antropólogos, sociólogos e historiadores como, por exemplo: folclore, cultura subjetiva e cultura objetiva, cultura material e cultura não material, cultura erudita e cultura popular, cultura de massa e subcultura, etc. Conceito privilegiado no campo da investigação antropológica, a cultura erige-se em "conceito totêmico", símbolo distintivo da própria antropologia. A cultura, no sentido amplo, significa a maneira total de viver de um grupo, uma sociedade, um país ou uma pessoa. No entanto, não se trata aqui de uma defesa da posição segundo a qual cultura é tudo. Mas sim a ideia de que, à exemplo de um "fato social total", impõe-se a exigência de buscar a totalidade do fenômeno cultural, seja a partir das relações entre o antropólogo e o nativo, seja nas múltiplas relações que se estabelecem entre a cultura, a economia, a política, a religião, etc. No estudo de um fenômeno cultural qualquer, tudo deve ser observado, anotado, vivido, analisado, mesmo aquilo que não está (direta e aparentemente) ligado ao fenômeno em estudo. Por outro lado, a ideia de totalidade representa em relação à cultura uma estreita relação de identidade na medida em que se mostra capaz de eliminar as diferenças internas de um grupo, permitindo traduzir melhor as diferenças entre "nós e os outros" e, assim resgatar a nossa humanidade no outro e a do outro em nós mesmos. Nesse sentido, a cultura pode ser pensada como um "modo de relacionamento humano com seu real"; sendo que o real, "resistindo a toda caracterização absoluta, se apresenta como estritamente singular, como único", salienta Sodré (1983, p. 48-49). Numa definição, em antropologia social e cultural, "a cultura é um mapa, um receituário, um código através do qual as pessoas de um dado grupo social pensam, classificam, estudam e modificam o mundo e a si mesmas" (DaMatta, 1986, p. 123). Para usarmos de uma metáfora, a cultura é uma espécie de óculos por meio do qual enxergamos o mundo, vemos o "outro" e olhamos para nós mesmos, dando sentido à nossa existência e às nossas experiências de vida. Em resumo:

> A Cultura é a lente humana por excelência, e ser antropocêntrico é enxergar o mundo através dela. [...] Por conseguinte, o próprio dessa lente antropocêntrica é ser multifocal. Não existe rigorosamente A Cultura, que é apenas um conceito totalizador, um artifício de raciocínio; mas miríades de culturas, correspondentes à multiplicidade dos grupos humanos e os seus momentos históricos. A Cultura é uma abstração, um artefato de pensamento por meio do qual se faz economia da extraordinária diversidade que os homens apresentam entre si e com o auxílio do qual se organiza o que os homens têm de semelhantes. A Cultura é também o que os distingue das demais formas vivas: a capacidade de diferir de seus coespecíficos. (Rodrigues, 1989, p. 132)

Em suma, antes de se falar em Cultura, com letra maiúscula e como um fenômeno único e homogêneo, devemos pensar em culturas, no plural, enquanto sistemas de significados e símbolos desenvolvidos historicamente. Afinal, o significado de cultura não é o mesmo de sempre, a compreensão dessa mudança pode ser conquistada por meio da comparação entre culturas e da análise histórica. Como categoria do pensamento antropológico, Cultura revela a maneira como o campo do conhecimento disciplinar da antropologia se constituiu historicamente. Se, por um lado, cultura revela uma concepção teórica sobre a organização, a estrutura e o funcionamento dos sistemas simbólicos e de significados produzidos socialmente, por outro lado também representa um modo de conhecimento, pode-se dizer, um método de pensamento, na medida em que garante a coerência e produz sentido para as ações sociais desenvolvidas no âmbito fenomenológico da vida cotidiana. Quando colocada sob o prisma de algumas das principais correntes teóricas do pensamento antropológico, cultura adquire uma significativa importância cognitiva e epistemológica, como será visto a seguir.

Cultura e paradigma

Esse exercício de reflexão epistemológica sobre o conceito de cultura pode ser realizado a partir da análise antropológica de Roberto Cardoso de Oliveira proposta em seu livro *Sobre o pensamento antropológico*, de 1988. Neste trabalho, o antropólogo acompanha o movimento histórico de constituição da antropologia desde o século passado até o momento atual de sua pós-modernidade. O resultado é a elaboração de uma matriz disciplinar (modelo analítico) onde estão representados os principais paradigmas da antropologia moderna:

Matriz disciplinar da antropologia

Tradição Tempo	Intelectualista	Empirista
Sincronia	I Paradigma racionalista Escola Francesa	II Paradigma estrutural-funcionalista Escola Britânica
Diacronia	IV Paradigma hermenêutico Antropologia Interpretativa	III Paradigma culturalista Escola Norte-Americana

A leitura do quadro implica o reconhecimento da coexistência de duas grandes tradições (intelectualista e empirista) da antropologia conjugada a duas formas polarizadas de temporalidade (sincronia e diacronia). No cruzamento dessas tradições e temporalidades aparecem quatro grandes escolas marcadas por quatro paradigmas, respectivamente. O primeiro, o paradigma racionalista, cruza os elementos da tradição intelectualista e do tempo sincrônico no desenvolvimento da Escola Francesa de Sociologia e Antropologia Social; o segundo, o paradigma estrutural-funcionalista, cruza a tradição empirista e o tempo sincrônico no desenvolvimento da Escola Britânica de Antropologia Social; o terceiro, o paradigma culturalista, cruza os elementos da tradição empirista e do tempo diacrônico no desenvolvimento da Escola Culturalista Norte-Americana; e por fim, o paradigma hermenêutico, cruza a tradição intelectualista e a perspectiva temporal diacrônica, sendo seu desenvolvimento no cenário dos centros universitários norte-americanos bastante recente.[2]

Roberto Cardoso de Oliveira observa que no processo de constituição disciplinar da antropologia moderna os paradigmas racionalista, estrutural-funcionalista e culturalista, desempenharam um papel de normatização científica onde a individualidade, a subjetividade e a historicidade são domesticadas, no interior das produções etnográficas. O paradigma hermenêutica provoca uma relativa desordem na antropologia contemporânea quando reintroduz no campo das reflexões epistemológicas a tríade conceitual da individualidade, subje-

---

[2] A cada um desses paradigmas e suas respectivas escolas estão associados alguns dos nomes mais importantes da antropologia moderna. Marcel Mauss, Lévy-Bruhl e, principalmente, Lévi-Strauss estão entre os antropólogos que contribuíram para a formação e o desenvolvimento da antropologia social na França. Por sua vez, na antropologia social inglesa encontramos os nomes de Radcliffe-Brown, E. E. Evans-Pritchard, Max Gluckaman, Edmund Leach, Mary Douglas e Victor Turner. Franz Boas e seus discípulos, Margareth Mead, Ruth Benedict, A. L. Kroeber e Edward Sapir – são alguns dos maiores protagonistas da formação e desenvolvimento da antropologia cultural norte-americana. Clifford Geertz é um nome paradigmático, quando se trata da comunidade dos antropólogos interpretativistas; outros que despontam nessa comunidade são George Marcus, James Clifford e Stephen Tyler.

tividade e historicidade, além de abrir espaço para a reflexão de outros conceitos. Acreditamos ser possível aplicar o mesmo princípio analítico ao conceito de cultura.[3]

Porém, antes de passarmos à análise dos conceitos de cultura no âmbito dos paradigmas racionalista, estrutural-funcionalista, culturalista e interpretativista, faz-se necessário uma pequena nota sobre o sentido dado à cultura no contexto dos paradigmas evolucionista e difusionista.

Cultura e história

O evolucionismo social e o difusionismo cultural representam dois modos de abordagem teórica sobre o desenvolvimento das sociedades ao longo da história. No entanto, mais do que explorar o sentido desse suposto desenvolvimento histórico da humanidade, aqui nos interessa observar o quanto tais modos de abordagem teórica valorizam uma certa concepção de história e de cultura.[4]

Pode-se começar lembrando a contribuição de Edward B. Tylor (1832-1917), na definição da cultura, para o desenvolvimento da antropologia. Para ele, "cultura ou civilização, tomada em seu mais amplo sentido etnográfico, é aquele todo complexo que inclui conhecimento, crença, arte, moral, lei, costume e quaisquer outras capacidades e hábitos adquiridos pelo homem na condição de membro da sociedade" (TYLOR, 2005, p. 69). Assim, quando Tylor sugeriu que se visse na cultura um fenômeno de natureza extragenética, era dado um enorme passo na compreensão da constituição da sociedade. Mas a suposição da cultura como algo adquirido traz implícita

---

[3] O conceito de estrutura divide com o de cultura a concepção temporal (sincrônica e diacrônica, respectivamente) que caracteriza os paradigmas da matriz disciplinar, ao mesmo tempo que apontam para o significado das classificações antropologia social e antropologia cultural, a primeira portadora de uma forte influência sociológica, e a segunda, histórica e psicológica, como será visto no próximo tópico.

[4] O evolucionismo e difusionismo cultural antecedem, historicamente, o momento de constituição disciplinar da antropologia quando vistos na perspectiva da "matriz disciplinar" em foco.

a ideia de sua perda. Essa condição irá marcar, profundamente, os momentos iniciais da antropologia, sendo inúmeras as considerações dos antropólogos que viram na expansão do processo civilizatório um perigo iminente à sobrevivência das sociedades primitivas. De certa forma, essa é uma visão marcada pela lógica evolucionista, na medida em que se imaginava haver uma lei universal e natural do desenvolvimento humano à qual todos os grupos sociais estão submetidos. Por isso, o conceito de cultura, embutido nas abordagens evolucionista e difusionista, se confundia ainda com o conceito de civilização, exatamente porque compreendem as sociedades humanas numa perspectiva universal.[5]

Isso é bastante claro em alguns dos principais trabalhos da época. *O ramo de ouro*, de *Sir* James George Frazer, originalmente publicado em 1890, e posteriormente reeditado em versão resumida em 1922, quando então alcançou grande êxito editorial, é normalmente lembrado como um dos mais ilustrativos exemplos do evolucionismo social na antropologia. A visão da magia como forma primitiva e anterior à religião, considerada superior, está na base do argumento de Frazer.

A crença, de origem iluminista, na existência de um Homem Universal é um dos pressupostos fundamentais do evolucionismo. Pensava-se haver, então, uma unidade psíquica de toda espécie humana e, por conseguinte, uma uniformidade do pensamento. Com efeito, as sociedades ditas primitivas eram consideradas a "infância da humanidade" e, por isso mesmo, deveriam ser conduzidas e preparadas para o futuro por serem incapazes de atingir sozinhas a

---

[5] Embora a concepção evolucionista fosse anterior a Darwin, pois pensadores como Condorcet, Bachofen, Maine, Comte e outros tivessem prenunciado as ideias evolucionistas, serão as formulações do cientista natural que, apoiadas no campo da biologia e da história natural, tornaram-se paradigmáticas, até mesmo servindo de modelo ao campo das ciências sociais que nasciam em fins do século XIX. Nesse sentido, mesmo quando o desaparecimento de uma cultura se dá por meio de ações violentas e imperialistas, a justificativa para isso era a teoria da "luta das espécies" na qual sempre vence o mais forte.

boa ordem social.⁶ Haja vista o que diz Frazer (2005, p. 107-108) ao proferir aula inaugural na Universidade de Liverpool em 1908:

> Assim, o estudo da vida selvagem é uma parte muito importante da Antropologia Social. Pois, em comparação com o homem civilizado, o selvagem representa um estágio estacionado, retardado do desenvolvimento social, e, portanto, um exame de seus costumes e crenças fornece o mesmo tipo de evolução da mente humana que o exame de um embrião fornece da evolução do corpo humano. Em outras palavras, um selvagem está para um homem civilizado assim como uma criança está para um adulto; e, exatamente como o crescimento gradual da inteligência de uma criança corresponde ao crescimento gradual da inteligência da espécie e, num certo sentido, a recapitula, assim também um estudo da sociedade selvagem em vários estágios de evolução permite-nos seguir, aproximadamente – embora, é claro, não exatamente –, o caminho que os ancestrais das raças mais elevadas devem ter trilhado em seu progresso ascendente, através da barbárie até a civilização. Em suma, a selvageria é a condição primitiva da humanidade, e, se quisermos entender o que era o homem primitivo, temos que saber o que é o homem selvagem hoje.

Julgando os costumes do "outro" a partir dos valores de sua sociedade, supostamente superior, o evolucionista imagina haver sempre um "fim" a alcançar. Na perspectiva evolucionista, a história é pensada como uma projeção para o futuro.⁷

---

⁶ Além de espécie de "museu vivo" da história da humanidade, também são comuns as associações das sociedades primitivas com as mulheres, as crianças e os loucos, como se todos fossem desprovidos de maturidade e racionalidade; ou, então, são consideradas sociedades deficientes porque sociedades "sem": sem história, sem Estado, sem escrita.

⁷ O exemplo mais bem-sucedido de evolucionismo aplicado à história das sociedades humanas é, sem dúvida, o positivismo. A "Lei dos Três Estados" postulada por Auguste Comte (1798-1857) previa uma linha de progresso do pensamento humano em que, no primeiro estágio, predominava o pensamento teológico, segundo o qual o mundo era explicado em razão da intervenção de seres mágicos, míticos e sobrenaturais; no segundo, o pensamento metafísico representava um avanço em vista de sua capacidade de abstração e imaginação, pois buscava atingir a

Não demorou muito para que o evolucionismo recebesse inúmeras críticas sendo a principal a acusação de etnocentrismo.[8] Mas, como será visto à frente, a principal crítica viria da perspectiva estrutural funcionalista desenvolvida a partir dos trabalhos clássicos de Bronislaw Malinowski (1884-1942). No entanto, o chamado difusionismo cultural representou, no século XIX, já um movimento de reação ao evolucionismo. Diferentemente da perspectiva temporal predominante no evolucionismo em direção ao futuro, no difusionismo cultural, além de uma visão comprometida com a busca das origens (passado), também há uma abertura para a dimensão espacial (geográfica). Assim, a presença de um costume em mais de uma sociedade não deve ser vista com a finalidade de justificar uma suposta escala de evolução, mas sim um processo de difusão.

Os estudos de difusão cultural serão profundamente marcados pelas contribuições oriundas da história e da geografia. Com os difusionistas o meio geográfico passa ter uma importância capital no processo de constituição cultural. A noção de "círculo cultural", enquanto complexo de elementos culturais característicos de uma determinada região, é ilustrativa dessa perspectiva. Movidos por uma perspectiva das origens de um determinado hábito e costume e sua difusão em certas áreas e/ou regiões culturais, alguns difusionistas chegaram a sugerir o Egito como berço de toda vida social humana. O modelo dos círculos concêntricos pode ser utilizado para explicar esse processo: a exemplo de uma pedra lançada na água, as

---

"natureza íntima" das coisas; no terceiro estágio, o pensamento positivo representava o triunfo da ciência por meio da razão cartesiana. Nessa escala de evolução, o pensamento humano progride na medida em que cada vez mais se distancia do "mundo concreto das sensações" para atingir o "mundo abstrato das ideias".

[8] Engana-se quem pensa que o evolucionismo está superado. Alguns dos mais ilustres representantes do evolucionismo contemporâneo na antropologia são: Gordon Childe, Leslie White, Julian Steward.

ondas circulares tendem a enfraquecer na medida em que se distanciam do centro. No contato das culturas se verificaria o mesmo processo, dizem os difusionistas. Guerras, festas, transações comerciais, modismos são alguns dos principais mecanismos de trocas culturais. Tomando como exemplo um pequeno trecho do livro do antropólogo Ralph Linton, *O homem – uma introdução à antropologia*, escrito em 1936, podemos observar a complexidade dos sistemas de trocas simbólicas que constituem a vida do homem médio americano, diz ele:

> O cidadão norte-americano desperta num leito construído segundo padrão originário do Oriente Próximo, mas modificado na Europa setentrional, antes de ser transmitido à América. Sai debaixo de cobertas feitas de algodão cuja planta se tornou doméstica na Índia; ou de linho ou de lã de carneiro, um e outro domesticados no Oriente Próximo; ou de seda cujo emprego foi descoberto na China. Todos estes materiais foram fiados e tecidos por processos inventados no Oriente Próximo. Ao levantar da cama faz uso dos mocassins que foram inventados pelos índios das florestas do leste dos Estados Unidos e entra no quarto de banho cujos aparelhos são uma mistura de invenções europeias e norte-americanas, umas e outras recentes. Tira o pijama, que é vestuário inventado na Índia e leva-se com sabão que foi inventado pelos antigos gauleses, faz a barba que é um rito masoquístico que parece provir dos sumerianos ou antigo Egito.
>
> Voltando ao quarto, o cidadão toma as roupas que estão sobre uma cadeira do tipo europeu meridional e veste-se. As peças de seu vestuário têm a forma de vestes de pele originais dos nômades das estepes asiáticas; seus sapatos são feitos de peles curtidas por um processo inventado no antigo Egito e cortadas segundo um padrão proveniente das civilizações clássicas do Mediterrâneo; a tira de pano de cores vivas que amarra ao pescoço é sobrevivência dos xales usados aos ombros pelos croatas do século XVII. Antes de ir tomar seu *breakfast*, ele olha a rua através da vidraça feita de vidro inventado no Egito; e se estiver chovendo, calça galochas de borracha descoberta pelos índios da América Central e toma um guarda-chuva inventado no sudoeste da Ásia. Seu chapéu é feito de feltro,

material inventado nas estepes asiáticas. De caminho para o *breakfast*, pára, para comprar um jornal, pagando-o com moedas, invenção da Líbia antiga. No restaurante, toda uma série de elementos tomados de empréstimo o espera. O prato é feito de uma espécie de cerâmica inventada na China. A faca é de aço, liga feita pela primeira vez na Índia do Sul; o garfo é inventado na Itália medieval, a colher vem de um original romano. Começa seu *breakfast* com uma laranja vinda do Mediterrâneo oriental, melão da Pérsia, ou talvez uma fatia de melancia africana. Toma café, planta abissínia, com nata e açúcar. A domesticação do gado bovino e a ideia de aproveitar seu leite são originários do Oriente Próximo, ao passo que o açúcar foi feito pela primeira vez na Índia. Depois das frutas e do café, vêm *waffles*, que são bolinhos fabricados segundo uma técnica escandinava, empregando como matéria-prima o trigo, que se tornou planta doméstica na Ásia Menor. Rega-se com xarope de *maple*, inventado pelos índios das florestas do leste dos Estados Unidos. Como prato adicional talvez come o ovo de uma espécie de ave domesticada da Indochina ou delgadas fatias de carne de um animal doméstico da Ásia oriental, salgada e defumada por um processo desenvolvido no norte da Europa.

Acabando de comer, nosso amigo se recosta para fumar, hábito implantado pelos índios americanos e que consome uma planta originária do Brasil, fuma cachimbo, que procede dos índios da Virgínia, ou cigarros, provenientes do México. Se for fumante valente, pode ser que fume mesmo um charuto, transmitido à América do Norte pelas Antilhas, por intermédio da Espanha. Enquanto fuma, lê notícias do dia, impressas em caracteres inventados pelos antigos semitas, em material inventado na China e por um processo inventado na Alemanha. Ao inteirar-se das narrativas dos problemas estrangeiros, se for um bom cidadão conservador, agradecerá a uma divindade hebraica, numa língua indo-europeia, o fato de ser cem por cento americano.

Se os nomes de Morgan, Tylor e Fraser aparecem associados ao evolucionismo social, no difusionismo cultural destaque especial deve ser dado aos nomes de Alfred Kroeber (1876-1960) na antropologia cultura norte-americana, e de W. H. R. Rivers (1864-1922) na antropologia britânica.[9] O *Método genealógico* proposto por Rivers no estudo dos sistemas de parentesco representa o melhor exemplo dessa volta ao passado, pois, de certa forma, ele pode ser visto como um momento inaugural da antropologia social na medida em que a sua aplicação exige a presença do antropólogo no campo. Nesse sentido, segundo a perspectiva de Rivers, ele representa o meio de entrada do antropólogo no trabalho de campo e também de construção científica do "campo" da antropologia moderna. A complexidade dos sistemas de parentesco, dispostos em sofisticados diagramas, confere à antropologia a objetividade e a racionalidade exigidas pela ciência.

Assim, se a perspectiva evolucionista aponta para o futuro e a perspectiva difusionista volta os olhos para o passado das culturas, com o estrutural-funcionalismo a antropologia conquista o tempo presente. Um dos efeitos mais notáveis dessa conquista foi a desvalorização atribuída a uma certa concepção de história, marcada pela perspectiva evolucionista e difusionista, tal como seria denunciado pelos antropólogos Radcliffe-Brown e Lévi-Strauss, posteriormente. Por outro lado, tudo isso aponta para outra questão: a importância da institucionalização da "observação participante" na experiência etnográfica do trabalho de campo do antropólogo.

---

[9] O difusionismo não é homogêneo, embora há quem diga ter existido uma "Escola dos Círculos Culturais", constituída pelos alemães Frobenius, Grabner, Schmidt e Koppers, sendo Ratzel (1844-1904) considerado o seu fundador. É preciso cautela, prova disso é encontrarmos em meio aos difusionistas os nomes de Franz Boas e Marcel Mauss. A classificação de difusionista aplica-se, talvez, aos casos de Melville Herskovits e Roger Bastide, com seus estudos sobre contatos culturais entre América-África a partir dos anos 1930. O estudo de Câmara Cascudo sobre a "rede de dormir" constitui um dos mais significativos exemplos do difusionismo cultural em solo brasileiro. Recentemente, o antropólogo Ulf Hanners destacou o quanto determinados conceitos contemporâneos, tais como fluxos, margens, fronteiras, híbridos e outros, remetem à problemática enfrentada pelos difusionistas tempos atrás.

Cultura e estrutura

Foi com Bronislaw Malinowski (1884-1942), um polonês naturalizado inglês, doutor em matemática e convertido à antropologia, que o trabalho de campo, entendido como "observação participante", passou a fazer parte do ofício de antropólogo. Conta-se que foi após leitura de *O ramo de ouro* que Malinowski decidiu pela antropologia social indo realizar um trabalho de campo junto a uma comunidade do Pacífico Sul, mais precisamente, no Arquipélago Trobriand, na Melanésia, entre os anos de 1914-1918. Tal experiência se tornou um modelo de referência para o campo antropológico, pois, de certa forma, representou para a antropologia uma espécie de "regras do método antropológico" à exemplo do que Durkheim propunha à sociologia. Se, até aquele momento, os antropólogos evolucionistas e alguns difusionistas se limitavam a colher informações a partir de terceiros (missionários, viajantes, administradores coloniais, etc.), caracterizando um modo de fazer antropologia que ficou conhecido como "antropologia de gabinete", com Malinowski, embora não tenha sido o primeiro nem o único a fazer trabalho de campo, sua experiência representou a inauguração de um novo estilo de se fazer antropologia. *Argonautas do Pacífico Ocidental*, livro no qual Malinowski analisa o sistema ritual do kula (sistema de troca de bens) nas ilhas Trobriandesas, foi publicado em 1922 e tornou-se imediatamente um exemplo de etnografia a ser seguido.[10] Agora, a novidade era deslocar-se espacial e horizontalmente até a cultura distante e "primitiva", aqui e agora; contudo, mesmo aí é impossível não se viver a experiência de um outro sentido de tempo. Afinal, ensina a antropologia, outras culturas, outras histórias.

---

[10] Embora a qualidade etnográfica de Malinowski seja inquestionável, não se pode dizer o mesmo de sua capacidade teórica. "Pobreza das formulações teóricas", assim se refere o antropólogo Adam Kuper (1978, p. 11) logo no início de sua análise da antropologia desenvolvida por Malinoswki.

Acreditando ter criado uma nova disciplina acadêmica, a antropologia funcionalista, Malinoswki (1975) concebe a antropologia como uma ciência social que tinha como objeto privilegiado de estudo a cultura, e o antropólogo deveria ser capaz de reunir uma dupla qualidade:

> ele deve ser ao mesmo tempo perito na arte de observação, isto é, no trabalho de campo etnológico e na teoria da cultura. Em seu trabalho de campo e na sua análise comparativa da cultura, aprendeu que nenhum dos dois objetivos tem qualquer valor a menos que sejam executados conjuntamente. Observar significa selecionar, classificar, isolar com base na teoria. Elaborar teoria é resumir a relevância de observações passadas e prever a confirmação ou refutação empírica dos problemas teóricos apresentados. (p. 21)

Assim, Malinowski definia o ofício do antropólogo e o sentido da antropologia como ciência social moderna em seu estudo *Uma teoria científica da cultura*, originalmente publicado em 1944. A compreensão da teoria de Malinowski deve começar pela data de publicação do livro, pois o antropólogo escreve ao tempo da Segunda Guerra e sua visão de cultura está profundamente relacionada a uma perspectiva biológica.[11] Ou, nos termos do próprio antropólogo:

> Os problemas apresentados pelas necessidades nutritivas, reprodutivas e higiênicas do homem devem ser resolvidos. Eles são solucionados pela construção de um novo ambiente, secundário ou artificial. Esse ambiente, que não é mais nem menos do que a cultura propriamente dita, tem de ser permanentemente reproduzido, mantido e administrado. (p. 43)

Desde 1927, com *Sexo e repressão na sociedade selvagem*, Malinowski enfrentava a relação biologia/cultura, analisando as relações entre psicanálise e antropologia, tendo como foco o Complexo de Édipo – sugerido por Freud em *Totem e tabu*

---

[11] Não é preciso lembrar que a principal justificativa da Segunda Guerra, do ponto de vista nazista, tivesse motivação racista (biológica). Sem dúvida, uma das tentativas mais bem sucedidas de superação desse quadro seria dada por Lévi-Strauss em "Raça e história", um texto encomendado pela Unesco em 1952.

(1913) –, no universo cultural trobriandês. Malinowski não descarta a base psicológica sobre a qual se assenta o Complexo de Édipo (supostamente o filho deseja a mãe e vê no pai o seu rival), no entanto, questiona sua universalidade. Nas ilhas Trobriand predomina o direito matrilinear, em que a figura do pai não tem o mesmo reconhecimento dado pelo sistema patrilinear, típico da civilização ocidental. No sistema matrilinear trobriandês quem exerce a autoridade na educação da criança é o seu tio materno (o irmão da mãe), e não o pai; este, na verdade, é visto e considerado um amigo. O antropólogo não abandona o fundo biológico e psicológico do complexo, porém descobre na cultura local uma resposta para o que é "universal" (a família). A cultura passa a ser vista como uma forma de institucionalização e organização do comportamento humano, sendo sua função fornecer respostas satisfatórias ao que se impõe como necessidade vital do homem. A cultura é, então, funcionalmente, produtora de integração, equilíbrio e manutenção da ordem social. Eis aí o segundo ponto fraco do modelo funcionalista, já que o primeiro pressupõe a cultura como resposta funcional a uma necessidade biológica. Na sequência, o problema agora é não contemplar as disfunções, os distúrbios, admitindo pouca possibilidade de mudança social dos sistemas culturais.[12] Em suma, a perspectiva funcionalista então, considera que:

> A) A cultura é, essencialmente, um aparato instrumental pela qual o homem é colocado numa posição melhor para lidar com os problemas específicos concretos que se lhe deparam em seu ambiente, no curso da satisfação de suas necessidades.
>
> B) É um sistema de objetos, atividades e atitudes, no qual cada parte existe como um meio para um fim.
>
> C) É uma integral [totalidade] na qual os vários elementos são interdependentes.

---

[12] Um ano após o lançamento de *Uma teoria científica da cultura*, Malinowski publica *The dynamics of culture change – An inquiry into race relations in Africa*, livro no qual apresenta de maneira mais sofisticada sua teoria da cultura e, como sugere o título, contemplando processo de mudança social.

D) Essas atividades, atitudes e objetos estão organizados em torno de tarefas importantes e vitais, em instituições tais como a família, o clã, a comunidade local, a tribo e as equipes organizadas de cooperação econômica, política, legal, atividade educacional.

E) Do ponto de vista dinâmico, ou seja, no tocante ao tipo de atividade, a cultura pode ser analisada numa série de aspectos tais como educação, controle social, economia, sistemas de conhecimento, crença e moralidade, e também modos de expressão criadora e artística. (MALINOWSKI, 1975, p. 140)

A despeito dos esforços de Malinowski em garantir ao conceito de cultura um prestígio científico na antropologia funcionalista, não demorou muito para que o conceito de estrutura ganhasse a atenção das gerações seguintes. Com Alfred Radcliffe-Brown (1881-1955), antropólogo com forte influência do pensamento de Durkheim, o conceito de estrutura social seria elevado à condição de "paradigma" do pensamento antropológico inglês e francês.[13]

Sem pretender aprofundar as implicações o conceito de estrutura social no pensamento de Radcliffe-Brown, vale destacar que para o antropólogo inglês, estrutura social implica o reconhecimento empírico de uma "complexa rede de relações sociais" cuja base sociológica envolve interesses, valores, instituições, poder. Essa perspectiva seria, posteriormente, criticada por outro eminente antropólogo social, o "francês" Claude Lévi-Strauss (1967, p. 316) para

---

[13] O destaque dado aos conceitos de estrutura e função social fez com que os teóricos da antropologia pós-malinowskiana muitas vezes fossem batizados como estrutural-funcionalistas, quando não funcionalistas e, em alguns casos até, estruturalistas. De fato, não há uma homogeneidade conceitual em torno da estrutura social. Conceito polissêmico, "para Evans-Pritchard, por exemplo, a estrutura social é a configuração de grupos estáveis; para Talcott Parsons, é um sistema de expectativas normativas; para Leach, um conjunto de regras ou normas ideais; e, para Lévi-Strauss as estruturas sociais são modelos", observam Kaplan e Manners (1981, p. 155). Além de Radcliffe-Brown e Evans-Pritchard, a influência do pensamento de Durkheim sobre a antropologia inglesa pode ser sentida, ainda hoje, entre antropólogas como Mary Douglas.

quem estrutura social consiste em um modelo que para "existir" (já que não existe empiricamente) deve satisfazer quatro condições, a saber:

> Em primeiro lugar, uma estrutura oferece um caráter de sistema. Ela consiste em elementos tais que uma modificação qualquer de um deles acarreta uma modificação de todos os outros.
>
> Em segundo lugar, todo modelo pertence a um grupo de transformações, cada uma das quais corresponde a um modelo da mesma família, de modo que o conjunto destas transformações constitui um grupo de modelos.
>
> Em terceiro lugar, as propriedades indicadas acima permitem prever de que modo reagirá o modelo, em caso de modificação de um de seus elementos.
>
> Enfim, o modelo deve ser construído de tal modo que seu funcionamento possa explicar os fatos observados.

Embora a teoria de Lévi-Strauss pareça evocar o modelo funcional de Malinowski, a diferença entre essas concepções de estrutura social consiste na tentativa de Lévi-Strauss em ultrapassar a "teoria nativa" inscrita na interpretação empirista de Radcliffe-Brown. A análise do totemismo se mostra um objeto privilegiado desse conflito de interpretações. Lévi-Strauss, em *O totemismo hoje*, mostra a existência de duas teorias sobre o totemismo em Radcliffe-Brown. Na primeira, de 1929, intitulada A Teoria Sociológica do Totemismo, Radcliffe-Brown atribui às espécies animais um valor ritual em razão da sua função natural. Para Radcliffe-Brown, declara Lévi-Strauss, "o animal se torna 'totêmico' quando, em primeiro lugar, é 'bom para comer'" (1980, p. 143). Posteriormente, Radcliffe-Brown, na formulação de uma segunda teoria do totemismo, apresentada na conferência "O método comparativo em antropologia social", de 1951, ficaria muito perto de uma atitude estruturalista, no sentido lévi-straussiano do termo. Nessa perspectiva, o totemismo é antes um método classificatório do pensamento do que um sistema social de identificação psicológica dos "nativos" com as espécies naturais. Aqui, as espécies animais antes de serem boas para comer são "boas para pensar", conclui Lévi-Strauss com uma fórmula que se consagraria no campo da antropologia estruturalista.[14]

Um exemplo, talvez, nos ajude a apreender melhor o sentido da cultura na perspectiva da antropologia funcionalista de Malinowski à antropologia estruturalista de Lévi-Strauss. Enquanto para Malinowski a comida corresponde a uma função metabólica de manutenção da vida da espécie humana, a partir de Radcliffe-Brown poder-se-ia sugerir a comida como um mecanismo de estruturação social, e com Lévi-Strauss a comida nos revela um sistema de códigos culturais. O famoso "triângulo culinário" do autor, sugere um gradiente de relações que pode ser expressa da seguinte forma:

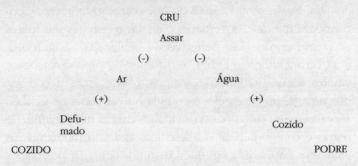

---

[14] O parentesco é um dos temas mais estudados na história da antropologia social moderna e, por isso mesmo, um dos mais discutidos. Por exemplo, superando a visão empiricista de Radcliffe-Brown acerca da família, Levi-Strauss (1967) propõe que se veja aí um sistema arbitrário de representações que só existe na cabeça dos homens. O interesse de Lévi-Strauss em apreender as estruturas do pensamento humano levou-o aos poucos para o campo de estudos do totemismo e dos mitos, território no qual se consagraria no campo da antropologia simbólica. Em outras palavras, além de Lévi-Strauss buscar ultrapassar o nível empírico da consciência atingindo o plano inconsciente do espírito (pensamento) humano, também propõe, no caso do parentesco, uma abordagem centrada nas relações de afinidade (sistemas de aliança) e não nas relações de consanguinidade (sistemas de filiação), característica da antropologia social inglesa.

A leitura desse triângulo deve ser feita em um duplo movimento, vertical e horizontal. Na vertical, de cima para baixo, assistimos a um processo de transformação que, dependendo dos elementos inseridos no diagrama nos leva para uma mudança do estado normal (cru) para o cozido quando se tem a presença do fogo, podre quando a presença é da água. Em sentido horizontal, da esquerda para a direita, a transformação designa uma mudança da cultura para a natureza. Intermediando os extremos, estão os estados de assado, defumado e cozido, conforme mais ou menos a presença da água ou do ar, no caso, o fogo. Na verdade, o que esse diagrama sugere é que a culinária também tem a sua "estrutura elementar". Evidentemente que todo sistema não se reduz a isso, mas a combinação desses elementos vistos em relação com o líquido e o sólido, o cru e o cozido, o quente e o frio, o salgado e o doce, etc. formam um "cardápio cultural" da comida. Nesse sentido, mais do que comemos alimentos, comemos símbolos. Na verdade, comidas e bebidas são fontes de prazer ou dor, são perigosas ou benfazejas, são afrodisíacas ou inebriantes, enfim, são fontes de representações e valores sociais. Quando comemos, obedecemos a códigos de etiqueta; por exemplo, a comida que se come no almoço servida em um jantar para convidados exigirá um conjunto de regras e comportamentos diferentes. Assim, combinamos os alimentos na medida em que buscamos conjugar por razões estéticas e morais aquilo que comemos. Imagine uma mesa de *self-service* onde estão dispostos inúmeros pratos num gradiente que vai do quente ao frio, dos legumes crus aos pratos cozidos. Na hora de se arrumar o prato, procuramos conjugar determinados elementos, por exemplo, salada com bife grelhado. Nada impede que alguém se sirva de feijoada com maionese, o problema é que isso não é usual, culturalmente não combina. A etiqueta culinária francesa é exemplar nesse caso. E o mesmo acontece com vestuário, onde também os franceses são, tradicionalmente famosos pelas suas grifes. No vestuário, as cores, a espessura dos tecidos, o conjunto do figurino, tudo importa no sentido de produzir a "moda". As roupas, em geral, expressam gêneros (há roupas de homem e roupas de mulher, dizem), expressam profissões (uniformes), expressam sentimentos (luto, sedução). Em suma, sem cair no empirismo estreito do funcionalismo, para Lévi-Strauss a culinária, o vestuário, são sistemas culturais que dizem mais do que se imagina à primeira vista, pois dizem que o homem, como ser simbólico, antes de ser um animal "bom por natureza" ou que é "lobo de outros homens", como pensavam Rousseau e Hobbes, é o único animal que cozinha os seus alimentos ou então é o único animal que produz suas vestes.[15]

A cultura existe como sistema de códigos que comunicam o sentido das regras que orientam as relações sociais entre os homens e as coisas. "Em toda sociedade, a comunicação se opera ao mesmo tempo em três níveis: a comunicação de mulheres, comunicação de bens e serviços, comunicação de mensagens", declara Lévi-Strauss (1967, p. 336), para logo em seguida sugerir que a cultura, para além dos "jogos de comunicação" empíricos como a linguagem, deve ser vista como uma espécie de metalinguagem. A propósito esta é, exatamente, a proposta metodológica do estruturalismo e, talvez, por isso mesmo, se apresente como "bom para pensar" sobre o próprio sentido que damos à cultura em nossas sociedades. Mais do que a natureza, talvez a cultura sim, é o que se tem de mais universal.[16]

Cultura e personalidade

A partir dos anos 20 do século XX desenvolveu-se nos Estados Unidos um conjunto de trabalhos antropológicos

---

[15] Segundo Sperber (1992, p. 99), "Claude Lévi-Strauss é, simultaneamente, um dos mais célebres e dos mais difíceis antropólogos". Não há dúvida quanto a isso. Assim, analisar o trabalho de Lévi-Strauss é sempre um desafio e um risco.

[16] Cultura como pensa Lévi-Strauss é uma forma de encurtar o distanciamento entre os homens. Embora o conceito compreenda o sentido da diferença, na verdade ela não é natural, sendo produzida social e historicamente. Nesse sentido, talvez, o melhor exemplo para mostrar a universalidade da cultura seja, exatamente o texto "Raça e história". Os estudos posteriores de Lévi-Strauss acerca dos mitos parecem confirmar essa suspeita.

que ficariam conhecidos na história da disciplina como a "Escola de Cultura e Personalidade", ou, em termos menos glamorosos, simplesmente: "culturalismo". Os manuais de antropologia, comumente, apresentam como características principais dessa "escola":

> 1) ênfase no estudo das especificidades culturais locais em termos de uma totalidade coerente e integrada, mas não necessariamente funcional; 2) ênfase na estratégia metodológica de comparação de sistemas culturais diferentes; 3) ênfase na interdisciplinaridade, sobretudo com a psicologia, sem desprezar, todavia, a importância da história e da sociologia; 4) ênfase na relação indivíduo/sociedade transposta para os termos da cultura e personalidade resultando na caracterização de configurações culturais e tipos psicológicos; 5) ênfase nos processos de socialização, em particular, a educação infantil; 6) ênfase no trabalho de campo enquanto metáfora de *"laboratório natural"* do antropólogo; 7) ênfase, em menor grau, na dimensão político-ideológica do *"caráter nacional"* no contexto da II[a] Guerra Mundial. (ROCHA, 2004, p. 108)

Na base do desenvolvimento da antropologia norte-americana encontra-se, sem dúvida nenhuma, um dos principais construtores da antropologia cultural moderna: Franz Boas (1858-1942). Esse alemão radicado na América é considerado, por muitos, o "pai" da antropologia cultural norte-americana, e o seu legado, avalia Stocking Jr., consiste em: "por um lado, a rejeição da ligação tradicional entre raça e cultura numa sequência hierárquica; por outro lado, a elaboração do conceito de cultura como uma estrutura relativista, pluralista, holística, integrada e historicamente condicionada para o estudo da determinação do comportamento humano" (ROCHA, 2004, p. 36). Doutorado em Física com uma tese sobre a percepção do olho humano na observação dos fenômenos físicos (*Contribuição ao Estudo da Cor da Água*) foi o que lhe permitiu dialogar com as ciências da cultura, tendo em vista a afinidade com o campo fenomenológico da experiência (*erfhrung*) e da compreensão (*verstehen*). Em 1883, Franz Boas desembarcou no Porto de Anarnitung, na Terra de Baffin (Canadá), para realizar sua etnografia sobre os esquimós e começar a sua conversão à antropologia.

Com efeito, o conceito de cultura representa sem dúvida uma das principais contribuições dadas por Boas à antropologia, na medida em que por meio dele produziu uma profunda crítica ao evolucionismo social que, como já se viu antes, além de pensar as diferenças culturais numa escala de progresso imaginava haver uma correlação entre raça, cultura e língua. Boas argumenta não haver evidências antropológicas e históricas dessa correlação, ao contrário, as evidências apontam para as diferenças entre essas três instâncias. Em razão de processos de difusão e invenção ou criação humana, a cultura, a língua e os "tipos humanos" – com esse conceito Boas pretendeu evitar o sentido negativo inscrito na ideia de raça – mais do que justificarem uma escala de evolução, ajudam a mostrar as inúmeras possibilidades de variação cultural produzidas social e historicamente. Assim, pensa o antropólogo:

> Pode se definir a cultura como a totalidade das reações e atividades mentais e físicas que caracterizam a conduta dos indivíduos componentes de um grupo social, coletiva e individualmente, em relação ao seu ambiente natural, a outros grupos, aos membros do mesmo grupo e de cada individuo consigo mesmo. Também inclui os produtos destas atividades e sua função na vida dos grupos. A simples enumeração destes vários aspectos da vida não constituem, entretanto, a cultura. E algo mais que isto, pois seus elementos não são independentes, formam uma estrutura (Boas, 1947, p. 155, tradução livre).

E Boas fez "escola". Nomes como Ruth Benedict (1887-1948), Margaret Mead (1901-1978), Eward Sapir (1884-1939), Alfred Kroeber (1876-1960), Clyde Kluckhohn (1905-1960), Paul Radin (1883-1959), Melville Herskovits (1895-1963), Ruth Bunzel (1898-1990), Cora Du Bois (1903-1991), Leslie Spier (1893-1961), Robert Lowie (1883-1957), Ralph Linton (1893-1953), Ruth Landes (1908-1991) e muitos outros de algum modo sofreram a influência do "Bruxo de Colúmbia", assim batizado por Gilberto Freyre. Em particular, e em vista de nosso propósito (o conceito de cultura e sua relação com a educação), destacam-se os trabalhos de Kroeber, *O superorgânico*, de 1917; Sapir, *Cultura autêntica e espúria*, de 1924; o livro de Benedict, *Padrões de cultura*, de 1934, e os estudos de Margaret Mead sobre educação e crianças.

Rompendo com a premissa evolucionista da correlação entre o nível mental e a organização biológica (a mentalidade lógica é correspondente ao grau de evolução racial), o ensaio de Kroeber (1993) promove uma dupla alteração epistemológica na maneira de se pensar a cultura: a civilização enquanto um sistema regido por leis próprias requer uma outra ciência, diferente daquela voltada para a compreensão dos fenômenos naturais. Não se nega a importância do fator biológico do homem, no entanto, sua determinação é relativizada.

Aos poucos, o conceito de cultura foi sendo revelado como algo mais profundo e complexo na constituição das sociedades e para a compreensão do comportamento social do homem. Considerando a polissemia do conceito, Sapir identifica pelo menos três sentidos usuais para o termo: 1) quando a palavra é utilizada para expressar a tradição material e espiritual herdada a todos os homens no sentido de patrimônio; 2) a valorização de um certo tipo de conhecimento e/ou experiência que caracterizam o refinamento intelectual e educacional do indivíduo moderno, ficando próxima da erudição; 3) mais difícil de apreender, que pode ser traduzido pelo sentido *volkgeist* alemão, ou seja, o "gênio do povo" ou "espírito do povo; é uma clara referência à influência romântica no pensamento de alguns antropólogos norte-americanos e, ao mesmo tempo representa uma severa crítica à ideia de progresso e civilização industrial que se consolidava em ritmo frenético nos anos 1920. Um exemplo, entre outros, dado por Sapir (1946, p. 292), é o caso da

> [...] telefonista que empresta a sua capacidade, durante a maior parte de cada dia de sua existência, à manipulação de uma rotina técnica que tem afinal valor de eficiência, mas que não corresponde a nenhuma necessidade espiritual dela mesma, representa um espantoso sacrifício à civilização.

Embora, hoje, sejam feitas sérias reservas a essa perspectiva de Sapir, ela tem o mérito de pôr em destaque o problema da ameaça produzida pela civilização ocidental a outras formas de culturas e também de chamar a atenção para os processos de "autenticidade" embutidos na cultura quando elegemos determinados fenômenos como exemplares de uma "espiritualidade", "harmonia", "originalidade", enfim, falando em termos benjaminiano, portadores de "aura".

Por sua vez, Benedict imagina a cultura como um "grande arco" sob o qual se colocam os interesses e as possibilidades humanas. O sentido dado aos fenômenos depende da escolha e da organização produzida pelos homens, dos elementos e instituições depositados no fundo do arco. Pode se dizer que *Padrões de cultura,* de certa forma, revolucionou a antropologia, mais pela sua forma de apresentação e escrita do que pela "autoridade etnográfica" da autora. Em outras palavras, Benedict, se comparada a Margaret Mead, realizou pouco trabalho de campo, porém a sua forma de fazer e pensar a ciência da antropologia teve repercussão profunda e duradoura no trabalho de muitos antropólogos.[17] Tal é o caso do antropólogo inglês Gregory Bateson (1904-1980), que admite ter modificado sua concepção de cultura após a leitura de alguns textos que compõem *Padrões de cultura*. Esse fato é importante em razão da definição do conceito proposto por Benedict (s.d., p. 59), para quem "uma cultura, como um indivíduo, é um modelo mais ou menos consistente de pensamento e ação". As implicações metodológicas desse conceito são enunciadas logo depois, continua Benedict:

> [...] se o que nos interessa são os processos na cultura, a única forma de podermos conhecer o significado do pormenor de comportamento escolhido é vê-lo contra o fundo de motivos e emoções e valores institucionalizados nessa cultura. (p. 63)

---

[17] Na verdade, a contribuição do trabalho de Benedict se faz presente ainda hoje, afinal o antropólogo Clifford Geertz (1997), sem dúvida um dos nomes mais importantes da antropologia no mundo contemporâneo, coloca-a ao lado de Malinowski, Evans-Pritchard e Lévi-Strauss como uma das "fundadoras de discursividade" da antropologia moderna. Aliás, como será visto a seguir, o próprio Geertz não ficaria imune à influência de Benedict.

Assim, mais do que costumes e tradições, cultura envolve pensamentos, ações e emoções. Eis aí uma das principais contribuições de Benedict para o campo da antropologia cultural. Cremos ter sido essa a base a partir da qual Bateson se inspirou para a conceituação de *éthos cultural* como "padrões de sentimentos e sensibilidade".[18]

Alguns "estudos de cultura e personalidade" realizados no período entre guerras se aproximam do que hoje consideramos "objeto" de uma antropologia das emoções e uma antropologia da educação e/ou da criança. Nesse caso, a antropologia de Margaret Mead deve ser vista como um caso especial dada sua contribuição singular para o campo de estudos da infância e da educação hoje. De resto, pode-se concluir, lançando mão das palavras iniciais de Mead em *Sexo e temperamento*, com o objetivo de abrirmos ao problema da invenção da cultura, último tópico deste capítulo:

> Quando estudamos as sociedades mais simples, não podem deixar de nos impressionar as muitas maneiras como o homem tomou umas poucas sugestões e as trançou em belas e imaginosas texturas sociais que denominamos civilizações. Seu ambiente natural muniu-o de alguns contrastes e periodicidades notáveis: o dia e a noite, a mudança das estações, o incansável crescer e minguar da lua, desova dos peixes e as épocas de migração dos animais e pássaros. Sua própria natureza física forneceu-lhe outros pontos importantes: idade e sexo, ritmo de nascimento, maturação e velhice, a estrutura do parentesco consanguíneo. Diferenças em ferocidade ou em mansidão, em coragem ou em esperteza, em riqueza de imaginação ou em perseverante obtusidade – todas proporcionaram sugestões a partir das quais foi possível desenvolver as ideias de categoria e casta, de sacerdócios especiais, do artista e do oráculo. *Trabalhando com novelos tão universais e tão simples como esses, o homem construiu para si mesmo uma trama de cultura em cujo interior cada vida humana foi dignificada pela forma e pelo significado. O homem não se tornou simplesmente mais um dos animais que se acasalavam, lutavam por seu alimento*

---

[18] A noção de *éthos,* desenvolvida por Bateson em *Naven* parece estar na confluência das concepções de cultura de Benedict e Sapir. Posteriormente, *éthos* passaria a integrar o vocabulário de Geertz em sua concepção de cultura.

e morriam, mas um ser humano, com um nome, uma posição e um deus. Cada povo constrói essa tessitura de maneira diferente, escolhe alguns novelos e ignora outro, acentua um setor diferente da gama total das potencialidades humanas. Onde uma cultura emprega, por trama principal, o ego vulnerável, pronto a sentir-se insultado ou a sucumbir de vergonha, outra escolhe a coragem inflexível e mesmo, de forma que não haja covardes reconhecidos, pode, como os Cheyenne, inventar uma posição social especialmente complicada para os supermedrosos. Cada cultura simples e homogênea pode dar largas somente a alguns dos diversos dotes humanos, desaprovando ou punindo outros demasiado antitéticos ou por demais desvinculados de seus acentos principais para que encontrem lugar entre suas paredes. Tendo originalmente tirado os seus valores dos valores caros a alguns temperamentos humanos e estranhos a outros, a cultura incorpora esses valores cada vez mais firmemente à sua estrutura, a seus sistemas político e religioso, à sua arte e sua literatura; cada geração nova é amoldada, firme e definitivamente, às tendências dominantes (MEAD, 1976, p. 19-20, grifo nosso).

Cultura e invenção

Herdeiro da tradição cultural norte-americana de Boas, Benedict e Mead, Clifford Geertz (1926-2006), o principal representante da antropologia hermenêutica (ou interpretativa), compreende a cultura como um "conjunto de textos, eles mesmos conjuntos, que o antropólogo tenta ler por sobre os ombros daqueles a quem eles pertencem" (1989, p. 321). O conceito de cultura em Geertz – como teoria e método – é, essencialmente, semiótico:

> Acreditando, como Max Weber, que o homem é um animal amarrado a *teias de significados* que ele mesmo teceu, assumo a cultura como sendo essas teias e a sua análise; portanto, não como uma ciência experimental em busca de leis, mas como uma ciência interpretativa à procura do significado. (p.15)

O significado é um elemento de valor.[19] A cultura enquanto teia de significados é tanto reprodução quanto criação

---

[19] Segundo Roland Barthes, os estoicos, ao estabelecerem uma distinção entre a representação psíquica, a coisa real e o dizível, definiam o signi-

de sentidos. Os significados estão agarrados à linguagem como representações sobre homens e coisas, subvertendo os signos por serem carregados de sentido subjetivo, ainda que submetidos a um sistema de ideias e valores de uma cultura. De acordo com a sociologia weberiana, o significado é atribuído socialmente a partir do sentido subjetivo que orienta as ações e as relações dos homens entre si e a realidade da vida cotidiana. O sentido subjetivo inscrito no significado de uma ação representa a maneira como os homens experimentam de maneira individual, portanto, de maneira específica e singular, a sua cultura.[20] Entretanto, o significado é público porque a cultura enquanto texto se realiza nas praças, nos mercados, nos pátios familiares, enfim, tudo o que de alguma forma ou maneira remete a uma significação é intersubjetivo e, como tal, público, pois acessível a uma interpretação em

---

ficado a partir do último termo. Assim, o significado – não sendo então nem representação nem coisa, mas o dizível sobre algo ou alguma coisa – constitui-se num elemento de valor porque dependente do processo de significação, isto é, de verbalização. O significado como valor sociológico designa a capacidade de improvisação semântica dos homens na ordem da cultura. Marshall Sahlins (1990, p. 11) acrescenta que: "os significados são, em última instância, submetidos a riscos subjetivos, quando as pessoas, à medida que se tornam socialmente capazes, deixam de ser escravos de seus conceitos para se tornarem seus senhores".

[20] Na perspectiva da sociologia compreensiva de Max Weber (1864-1920), o valor do significado não está inscrito somente nas ações dos indivíduos ou do "nativo", mas também na do próprio cientista social, pois: "Por certo que sem as ideias de valor do investigador não existiria qualquer princípio de seleção nem conhecimento sensato do real singular e, assim como sem a *crença* do pesquisador na *significação* de um conteúdo cultural qualquer resultaria completamente desprovido de sentido todo o estudo do conhecimento da realidade *individual*, também a orientação da sua convicção pessoal e a difração dos valores no espelho da sua alma conferem ao seu trabalho uma direção. E os valores a que o gênio científico refere os objetos da sua investigação poderão determinar a 'concepção' que se fará de toda época. Isto é, não só poderão ser decisivos para aquilo que, nos fenômenos, se considera 'valiosos', mas ainda para o que passa a ser significativo ou insignificante, 'importante' ou 'secundário'" (WEBER, 1986, p. 98).

plein air. Assim, a busca do significado conduz a interpretação antropológica a um mundo de representações, ideias e valores constituídos socialmente num determinado momento histórico, ou seja, sobre o que os homens pensam de e sobre si mesmos e dos outros.

Em seu estudo mais conhecido, *A interpretação das culturas*, originalmente publicado em 1973, Geertz, defende que a interpretação etnográfica de uma cultura é sempre uma interpretação de segunda e terceira mão, pois, por definição, somente ao "nativo" pertence a interpretação de primeira mão, que é a sua cultura. Porém, descobrir o acesso às interpretações de uma cultura é como tentar ler as diferenças sensíveis entre uma piscadela de olho e a imitação de piscadela de olho, da farsa de imitação de uma piscadela de olho. Na verdade, o que o antropólogo faz é uma *descrição densa*, ou seja, descreve de maneira microscópica (detalhada e profunda) um fato da vida social. Significa fazer uma interpretação, sendo que o que ele interpreta é o significado inscrito no fluxo do discurso social, isto é, o que os homens sentem e dizem a si e sobre si mesmos, apreendendo aí as "estruturas de significação" (códigos historicamente construídos) presentes em uma dada cultura. Tomando emprestado a Paul Ricouer o que a escrita fixa, Geertz (1989) salienta que "o que escrevemos é o *noema* ("pensamento", "conteúdo", substância") do falar. É o significado do acontecimento de falar, não o acontecimento como acontecimento" (p. 29). Daí a importância do registro etnográfico do que "o homem falou". Como exemplo, o texto cultural sobre a briga de galos em Bali é paradigmático, apesar de não ser a "chave principal" para a vida cultural balinesa, diz Geertz:

> O que coloca a briga de galos à parte no curso ordinário da vida, que a ergue do reino dos assuntos práticos cotidianos e a cerca com uma aura de importância maior, não é, como poderia pensar a sociologia funcionalista, o fato de ela reforçar a discriminação do *status* (esse reforço não é necessário numa sociedade em que cada ato proclama essa discriminação), mas o fato de ela fornecer um comentário metassocial sobre todo o tema de distribuir os seres humanos em categorias hierárquicas fixas e depois organizar

a maior parte da existência coletiva em torno dessa distribuição. Sua função, se assim podemos chamá-la, é interpretativa: é uma leitura balinesa da experiência balinesa, uma estória sobre eles que eles contam a sim mesmos. (p. 315-316)

A briga de galos constitui-se, portanto, num fato privilegiado a partir do qual Geertz analisa a experiência balinesa e seus significados políticos e morais (como dramatização de *status*), sociais e econômicos (enquanto teatro de apostas), culturais e estéticos (referentes ao simbolismo do animal galo), cognitivo (enquanto uma metáfora de uma "educação sentimental"). Em Bali, Geertz descobre que na briga de galos não são os galos que brigam, mas os homens através de seus símbolos. Cabe, então, ao antropólogo dar voz ao "nativo", deixando que ele nos fale de um mundo até certo ponto estranho no tempo e no espaço e determinar a sua importância social.

Muito embora haja inúmeras críticas à eficácia da antropologia interpretativa de Geertz, não se pode perder de vista o fato de suas análises terem possibilitado um profundo e "denso" exercício de reflexidade epistemológica na antropologia contemporânea. É nessa linha de reflexões epistemológicas que acreditamos poder incluir a abordagem de Roy Wagner com seu estudo *The invention of culture*. A cultura para Wagner *é* cultura na medida em que consiste numa invenção conceptual, um recurso teórico, utilizado pelos antropólogos (e outros cientistas sociais de um modo geral) com a finalidade de produzir um sentido, fornecendo inteligibilidade aos fenômenos sociais que buscamos compreender. Nessa perspectiva, a importância do conceito de cultura reside menos na sua eficácia teórica e explicativa do que na sua significação metodológica: cultura é um caminho ou via de acesso à compreensão do outro e seu "mundo de significados".

Dessa maneira, a escrita etnográfica de uma cultura *é* também cultura. O modo como os antropólogos apresentam os resultados de sua investigação representam modos de representação cultural. Assim a descrição da cultura de uma sociedade primitiva é também uma fonte de representação sobre os modos de representação escrita da cultura do antropólogo. Uma etnografia fala tanto de uma cultura nativa quanto da cultura do antropólogo. Por outro lado, radicalizando o projeto de uma antropologia hermenêutica, a proposta de Wagner amplia e aprofunda o sentido da invenção da cultura como uma cultura da invenção, ou seja, mais do que fruto da imaginação ociosa dos homens, cultura e invenção consistem no resultado de uma convenção. Em outras palavras, entendemos o sentido da invenção da cultura porque experimentamos o significado da cultura da invenção. As palavras de ordem inventar, criar e construir aparecem como resultado de uma convenção social. Assim, da mesma forma que se espera dos cientistas sociais capacidade interpretativa, reflexiva e criativa, o mesmo princípio se aplica aos "nativos". Não à toa, assistimos, na última década, a um movimento no sentido de conferir às crianças, aos adolescentes, enfim, aos jovens a capacidade de produzir culturas.

A cultura, mais do que um conceito pronto e acabado, designa um "campo cognitivo", ou, em termos antropológicos, uma categoria do pensamento antropológico reveladora da maneira como os antropólogos ao longo do tempo e em condições históricas e sociais variadas pensam e explicam o modo de organização e funcionamento das sociedades que estudam. Mas, como se disse anteriormente, por meio da cultura também podemos atingir a maneira como os antropólogos pensam. Na verdade, como sugere o antropólogo José Reginaldo Gonçalves (2007), a história da antropologia moderna nos revela uma verdadeira "obsessão pela cultura" da parte dos antropólogos, sendo possível identificar duas grandes formas de abordagem do tema: uma de caráter mais teórico e universalista; outra, de natureza mais narrativa, que busca nos casos empíricos aquilo que é específico, singular, local de uma cultura. Entre uma e outra, encontramos alguns antropólogos que buscam à sua maneira superar tais dicotomias epistemológicas.

CAPÍTULO IV

ANTROPOLOGIA E EDUCAÇÃO

Caminhos cruzados

No quadro das ciências humanas e sociais, Antropologia e Educação, necessariamente, cruzam caminhos: ambas tomam o homem como base comum de reflexão. O homem e seus embates para fazer valer sua natureza distinta da de outros animais ou em suas ações pelas quais procura, cotidianamente, reafirmar sua condição de ser que se distingue de todos os outros no mundo da natureza. Essa ação, lembrando Paulo Freire, não é outra senão o exercício da cultura e da educação. Ambas, podendo ser entendidas, *a priori*, como condição e produto da natureza do homem, de sua capacidade de criar símbolos, significar e (re)significar nos seus processos de interação com o meio e de reflexão sobre si mesmo (TOSTA, 1999). Nestes termos, salienta Brandão,

> [...] olhada desde o horizonte da antropologia, toda a educação é cultura. Toda a teoria da educação é uma dimensão parcelar de alguns sistemas motivados de símbolos e de significados de uma dada cultura, ou do lugar social de um entrecruzamento de culturas.

Com efeito, podemos falar de possibilidades de interação entre antropologia e educação considerando que a interdisciplinaridade revela tensões permanentes que não podem ser desconsideradas ou diluídas. Dentre essas tensões, podemos lembrar os modos como campos científicos carregando o peso de sua tradição, de implicações históricas – conceituais e metodológicas são apropriadas fora de seu campo de origem, destituindo – de sua constituição científica, das categorias que fundamentam seu pensar e o seu fazer. Nesses casos, quase sempre o resultado é uma articulação teórica em que o campo que tomou o outro de empréstimo pouco se desloca de seu lugar e faz uso meramente instrumental do primeiro.

Quando esse movimento envolve a Antropologia, os resultados não têm sido diferentes, como revelam pesquisas que tomam como objetivo compreender esse trânsito entre campos ou essas tomadas de empréstimo. Para usar uma categoria elaborada na própria Antropologia, o célebre ensaio de Marcel Mauss sobre a *dádiva*, nessa relação científica na qual deveria ocorrer uma relação de reciprocidade – ao ato de dar e receber, espera-se a retribuição tão plena de significados como o ato que lhe precedeu –, o que se pode constatar é um fechamento ou uma indisponibilidade à troca ou ao diálogo. Metaforizando, percebe-se certa despreocupação da parte daquele que entra na casa do outro sem atentar para a obrigação de receber e retribuir como fundamento de trocas não só econômicas, mas também de diálogos, de interações no campo da ciência, afirmamos. Desse modo, as "relações de empréstimo" da Educação na Antropologia não se situam em um cenário muito diferente deste.

Um ponto de partida para se refletir sobre isto no campo da Antropologia é, sem dúvida, o modo recorrente com o qual se dá a tentativa de dialogar com a Antropologia pela apropriação da Etnografia, desconsiderando-a como dimensão metodológica que constitui e institui o conhecimento antropológico em sua intencionalidade histórica de conhecer o outro e fazer desse encontro uma possibilidade de reflexão sobre si mesmo – seja a Etnografia clássica, seja a Etnografia mais contemporânea com todo o debate que a cerca. Em outros termos, afirmaríamos que técnicas que não carregam teorias, esquecem-nas. Assim, a apropriação indevida de qualquer "método" sem a necessária crítica epistemológica e cultural concorre para os "usos e abusos" conceituais ou, nos termos de Durham, para o perigo do "deslize semântico".[1]

O que se constata, nesses casos, é a redução de toda uma epistemologia a um conjunto mais ou menos ordenado de técnicas de investigação com variadas denominações. Não se pode perder de vista que metodologia compreende atividade reflexiva de natureza teórica. Longe se ser, simplesmente, sinônimo de técnica de pesquisa, metodologia requer sempre uma atitude reflexiva, pois implica crítica epistemológica. Essa atitude reflexiva é uma garantia contra os usos equivocados da 'interdisciplinaridade', pois, o diálogo entre as disciplinas e os discursos científicos não eliminam as fronteiras ou competências específicas referentes a uma área de conhecimento partilhado. Antes, o diálogo entre as ciências deve promover uma reflexividade epistemológica que possibilite a produção de um conhecimento mais sintonizado com o ideal fenomenológico da 'fusão de horizontes'. Afinal, antropologia e educação, por princípio, gozam de uma vocação interdisciplinar. Vejamos.

A interdisciplinaridade como vocação

A interdisciplinaridade, entendida como os saberes comuns a uma ou mais matrizes do conhecimento, vem sendo colocada como dimensão necessária a qualquer projeto científico que se queira implementar com vistas a obter avanços teóricos e empíricos mais consistentes e de relevância social. No campo educacional, seja o da educação escolar, seja o da educação não formal, cremos não ser diferente. E as possibilidades de interlocução entre educação e outros saberes, no âmbito das ciências humanas ou da natureza, têm sido tema de constantes diálogos entre pesquisadores

---

[1] Sobre esse movimento, conferir os artigos de VALENTE (1996); TOSTA (2007) TOSTA *et al*. (2011, 2012) e DURHAM (1988), que, de certo modo, orientaram todos esses trabalhos ao colocar em questão essas trocas supostamente interdisciplinares.

de diversos matizes. Haja vista, por exemplo, os inúmeros estudos que têm procurado abordar o fenômeno educacional a partir de outros enfoques que não os tradicionais oriundos da pedagogia, da psicologia, da economia.[2] Em termos gerais, observa Brandão (2002, p. 137),

> Vivemos afortunadamente tempos em que em todos os campos da criação do saber, há um crescente reconhecimento de que uma integração entre as ciências e, até mesmo, entre elas e outras esferas humanas de razão e de sensibilidade, parece ser a única saída em direção à descoberta do novo. Da astrofísica à psicologia estamos cada vez mais mergulhados no desafio de buscar pensamentos, pesquisas e teorias mais e mais interdisciplinares.

Pensando assim, diremos que a ciência antropológica se constitui numa esfera privilegiada e que muitas possibilidades oferece para o aprofundamento desses debates, por sua reconhecida capacidade de privilegiar e bem abordar a cultura como dimensão fundadora da sociedade do humano e, historicamente, tomar como objeto de estudo o homem e a cultura. O que significa dizer que o conhecimento acumulado pela antropologia ao longo de sua história possibilita um olhar mais alargado e descentrado, permitindo captar dimensões da condição humana que exigem uma percepção mais cautelosa e atenta sobre a complexidade da trama social, tal como se apresenta na contemporaneidade.

A natureza desse conhecimento pode ser explicada como bem coloca Roberto DaMatta (1993b), exatamente por ter a antropologia desde seus primórdios a marca da interdisciplinaridade. Ou seja, essa ciência é interdisciplinar por natureza, desde que definiu um ambicioso programa que tem como meta conhecer o homem em todas as suas dimensões ou, como diz Mauss, o "homem total".

---

[2] Para isso basta verificar os grupos de trabalho que se constituíram nos últimos anos na ANPEd e que discutem a educação sob o prisma da cultura, do trabalho, das linguagens, da literatura. E, ainda, as pesquisas filiadas à nova sociologia e à nova história com suas diversas interpretações e orientações. Um bom livro que faz um excelente inventário de pesquisa educacional e sistematiza tais tendências é o trabalho organizado por FORQUIM (1995).

Realizar tarefa tão ambiciosa colocou em pauta como questão fundamental para a antropologia o desafio da interdisciplinaridade, uma vez que, como definiu Cyril Belshaw, "as relações interdisciplinares são corpúsculos essenciais no sistema vital da antropologia; sem eles perderia ela sua eficácia" (DaMatta, 1993b, p. 35-36). Se reconhecermos, por um lado, que tal vocação é problemática porque diz respeito, por exemplo, a certa dificuldade de demarcação identitária da antropologia, por outro, a torna uma ciência social, possivelmente a primeira, como defende DaMatta, a ter consciência dessa canônica qualidade.[3]

Outro aspecto importante que esclarece sobre a natureza interdisciplinar da antropologia é seu trabalho de campo – a Etnografia. Todo antropólogo sabe e nós discutimos isso no segundo capítulo deste livro, das exigências de conhecer o "outro", de embrenharmos no "fato social total" e de como essa tarefa exige a busca de aportes em outros campos disciplinares. Um exemplo clássico é o entendimento do código linguístico do nativo que coloca para o pesquisador a busca do conhecimento necessário a esse domínio imprescindível na comunicação com o sujeito de sua pesquisa.

Se quisermos desde já pensar nos termos da educação, não é difícil imaginar a importância da língua em seus estudos e em seu objetivo de escolarizar e socializar os indivíduos em sua cultura. E nesse sentido, ainda que tardiamente, é verdade, mas a Lei de Diretrizes e Bases da Educação Nacional de 1996 definiu que, para a educação indígena, deverão ser formados professores índios ou pertencentes à cultura na qual serão escolarizados os alunos. Entre outras razões, está o esforço de preservar e vivificar a língua nativa. Em outros termos, em nossas viagens à "aldeia", necessitamos ter o domínio dos diversos aspectos da cultura do outro, se pretendemos,

---

[3] Vale observar, não somente interdisciplinar, como também transdisciplinar, pela divisão interna da ciência antropológica em diversos ramos como: antropologia física, biológica, linguística, entre outros, com os quais os antropólogos sempre tiveram que se haver em seus estudos. Pois a investigação de fenômenos humanos complexos e em toda sua totalidade requer sempre um olhar aberto a diversas possibilidades de interpretação.

efetivamente, formular uma explicação ética e consistente sobre o seu mundo, que é, também, o nosso mundo.

Entendemos, então, que para bem estabelecer conversações entre campos do conhecimento é necessária a adoção de uma abordagem interdisciplinar mais integradora de que costumeiramente se fala. Ou seja, não no sentido de simplesmente tentar unir a antropologia à educação, ou qualquer outra área que seja, mas que essa parceria se faça como resultado de um esforço intelectual, com a consciência de que problemas e temas educacionais e escolares, mesmo sendo apresentados em formatos distintos e tratados, também, de maneiras distintas, podem encontrar-se no caminho dessas duas ciências. E que adotar tal postura exige um ir e vir analítico entre os dois campos a fim de formular essas questões que são importantes e que podem ser mais bem tratadas por ambos.

Movimento que nos remete ao antropólogo Nestor Garcia Canclini (1989) em sua discussão sobre hibridação cultural quando afirma a necessidade de desenvolvemos "ciências nômades" a fim de melhor compreender tais dinâmicas culturais, exigindo maior permeabilidade ou capacidade de transitar de modo mais flexível por domínios que se comuniquem horizontalmente.[4]

Problematizando a cultura na sociedade complexa alguns antropólogos argumentam que "em tempos de globalização econômica e de transnacionalização de bens materiais e simbólicos", exige-se um outro tipo de entendimento das dinâmicas sociais. Inclusive da própria antropologia, que se vê diante de um quadro em que o "que (hoje) espanta os que estudam a globalização é a persistência, e mesmo a renovação, das diferenças em contextos de intensa interação social" (MONTERO, 1997, p. 59). Ou seja, à antropologia não cabe mais hoje discutir modelos de sociedades primitivas em busca da coerência interna, pois o que assistimos são essas mesmas sociedades se "rebelando"

---

[4] O termo híbrido é elaborado em relação a outros similares, pois pode abranger diversos matizes culturais, e não apenas aqueles que decorrem de questões raciais – mestiçagem –, ou de questões religiosas – sincretismo.

contra modelos que lhes explicavam e participando, a seu modo, do mundo globalizado.[5]

Se essa tensão diz de consequências indiscutíveis para os modelos explicativos das ciências do homem sobre o "outro", que interrogam não somente modelos explicativos, mas também certo enrijecimento dos campos científicos confinados ao seu discurso, a educação não passaria imune a essa inquietação. Pensamos que não é mais possível permanecer pensando a educação com práticas embasadas por visões "primárias", monodisciplinares e descoladas da realidade social na medida em que ela demanda uma visão multifacetada e mais polissêmica do que sejam os processos educacionais, a escola, o conhecimento, as práticas pedagógicas, os currículos, a formação e a profissão, o professor, o aluno, entre outros.

Consideramos também que o contexto histórico, social e informacional no qual estamos envolvidos recoloca outras mediações para se entender tais questões, e uma delas, por exemplo, é a constatação, nem sempre consensual, de que a escola não é a única depositária de saberes elaborados ou de elaboração de saberes, de formação e socialização. Além da família e da religião, que, juntamente com a escola, são tidas historicamente como local dessa formação, outras instituições, como a mídia, o trabalho, as entidades da sociedade civil organizada, entre outras, também são depositárias dessa função.

Aceitar tal proposição é reconhecer que as relações sociais na escola e fora dela se apresentam de modo muito mais complexo e mudam com muito mais velocidade e intensidade quando comparadas a períodos anteriores. Fato que implica uma compreensão mais abrangente e sempre renovada da totalidade da qual a educação e a escola são parte.

Nessa mesma perspectiva, outro desafio se coloca: o de entender que nessa dinâmica social constata-se, em um mesmo movimento, que, se a sociedade contemporânea

---

[5] A esse respeito ver o excelente balanço de Sahlins (1997a; 1997b) sobre as reinvenções culturais contra a hegemonia da globalização.

adquire, por um lado, ares de mundialização, ela assiste, por outro, ao crescimento da reivindicação pela autonomia contra formas de massificação. Em outros termos, diríamos que, em contrapartida a uma suposta homogeneização cultural, cresce o desejo de afirmação de singularidades de cada região, como língua, etnia, crença, geração, gênero, religião, entre outros elementos das culturas nas quais são forjadas identidades de grupos sociais.[6]

O que nos permite afirmar que as culturas, enquanto expressões simbólicas se constituem num campo tensionado por disputas e alianças que conformam historicamente as sociedades. Diferenças culturais aparecem recorrentemente como um "problema" quando movimentos de integração homogeneizadora procuram suprimi-las ou mantê-las sob controle. Ou ainda tenta desconsiderar contradições políticas e econômicas e "naturalizar" o campo cultural. Desse cenário não podemos "expurgar" a educação, sob o risco impensado de purgá-la dos males da sociedade e cair na armadilha da naturalização de processos (educacionais) que são constituídos na e pela cultura.

Em vista disso, neste capítulo temos o objetivo de sinalizar alguns ângulos através dos quais as relações entre antropologia e educação, em meio a conjuntura atual, podem ser refletidas e dimensionadas a partir da efetiva interação de seus campos nos cursos de formação de educadores e nas práticas e saberes docentes por nós compreendidas como aquisições que são feitas cotidianamente nas relações que esses profissionais estabelecem em suas instituições, com seus pares, com seus alunos e com o próprio conhecimento. Mais particularmente temos a intenção de enfocar a questão das culturas na escola como uma realidade cambiante que permeia os seus saberes e fazeres.

---

[6] Entre inúmeros exemplos de títulos que reúnem tais questões, ver: ESTERCI *et al.* (2001).

Superando a distância

Muito embora a interdisciplinaridade seja um tópico comum à antropologia e à educação, ainda assim a relação entre ambas tem sido marcada por certo distanciamento espaçotemporal. Assim, não é demais lembrar que o pioneirismo do diálogo entre antropologia e educação remonta ao final do séc. XIX, quando a antropologia tentava compreender uma cultura da infância e da adolescência. Processos interculturais infantis em sistemas educativos informais numa concepção alargada de educação que teve a participação de antropólogos em definições de como educar e para que educar o outro. Décadas mais tarde, nos anos 20 e 50 do século XX, debates de antropólogos em torno das ideias de Piaget e Freud forneceram maior visibilidade à importância da cultura nos processos de socialização e aprendizagem. A participação de antropólogos em programas de reformas curriculares promovidas nos Estados Unidos, nessa mesma época, também é dado importante para entendermos as origens do diálogo.

Importa recordar que após a Segunda Guerra Mundial há certa popularização dos trabalhos de Margaret Mead e Ruth Benedict, discípulas de Franz Boas, que contribuiu para que sociólogos, economistas, educadores e outros estudiosos começassem a conceber a cultura como o fundamento das estruturas sociais; e que toda estrutura se define, em última instância, por um sistema de comportamentos impostos aos indivíduos que, por sua vez, precisam compartilhar, aprender e transmitir.

Essa é uma perspectiva de interesse particular à educação, já que aprendizagem e transmissão são constitutivas do ato de educar, o que permite compreender, de início, de que modo a antropologia pode contribuir com o pensamento educacional e vice-versa. Se a antropologia tem a ambição de abarcar a cultura ou a sociedade em sua totalidade, é evidente que esse é um campo, historicamente, multidisciplinar; e para a educação, que tem na cultura sua principal fonte de transmissão, é inquestionável a importância desse diálogo. Sobretudo se pensarmos na educação mais do que como um sonho sobre uma abstração construída pela filosofia ou por estudiosos do assunto, e sim como a construção de um processo concreto que trata de homens concretos, em carne e osso, que refletem sobre seu próprio pensamento. Ou seja, são todos eles capazes de aprender.

Nesse sentido, sem pretender recuar tanto no debate sobre natureza e cultura, mas apenas pontuar alguns aspectos dessa questão, vale lembrar com Camilleri (1985, p. 8), que "el hombre es distinto de la 'naturaleza', es decir lo construido. Por el mismo según Herskovitz: 'la cultura es la parte del meio ambiente fabricado por el hombre'". Em outros termos, a ideia geral é que o homem, diferentemente do animal, não está encerrado em sua estrutura biológica, ele é produtor de suas próprias experiências.

Assim, se é certo que a cultura representa acúmulo de experiência, de experiências mutantes potencialmente transmissíveis, e os mecanismos de transmissão não são genéticos, mas parte de um processo de aprendizagem ou de "endoculturação", afirmaremos, então, que a ideia de cultura interessa à educação. Mais que isso, a educação, traduzida como endoculturação, implica a afirmação de aprendizagens adquiridas e não inatas.

Desse modo, toda análise consistente da cultura é suscetível de uma incidência direta na educação, portanto, deve interessar ao educador. Por exemplo, é importante para o profissional da educação conhecer que aspectos psíquicos que se creem, não apenas no senso comum, mas também em pseudodiscursos científicos, como "naturais e humanos" – e, como tais, tratados como instintos, na realidade são resultados de elaborações sociais expressas na cultura e por ela.

Não desconhecendo os entraves e os obstáculos à convergência entre antropologia e educação, nossa proposta, desde o início deste livro e no caminhar para seu encerramento, é falar de tal possibilidade e da necessidade de educadores e antropólogos intensificarem o diálogo em torno que lhes é comum, ou seja, o próprio mundo do humano.[7]

Nesse caso, interessa particularmente reter uma reflexão antecipada por Boas, ainda no século XX, o qual, rompendo com pressupostos do mestre Morgan, e abrindo as portas da antropologia para a defesa da alteridade, já prenunciava a existência de um modelo ocidental de pedagogia que, por desconhecer a diferença, levaria fatalmente a uma pedagogia da violência. Nada mais contemporâneo considerando o fato de que vivemos em uma sociedade marcada por violência, indisciplina, desvalorização material e simbólica da escola por parte de governantes, alunos, famílias e a sociedade em geral, cabendo, pois, a nós, mais do que antes, indagar sobre a natureza das preocupações daquele pesquisador.

A instituição escola antevista por Boas é, em geral, persistentemente atual e parece pouco preocupada em desenvolver mecanismos efetivamente democráticos de participação diante da diversidade cultural por ela historicamente negada, em favor de uma pretensa homogeneização de suas estruturas em todos os aspectos, desde suas edificações ao conteúdo a ser ministrado.

Boas é um dos precursores da etnografia, e toda a sua obra é uma tentativa de pensar a diferença que é fundamentalmente de ordem cultural e não racial. É antirracista por excelência e desmontou o conceito citado em um estudo de grande repercussão feito com populações de imigrantes nos EUA, entre 1908 e 1910. Pesquisando cerca de 18 mil

---

[7] Vale registrar que a tentativa de estabelecimento de uma cultura antropológica no âmbito educacional surge, primeiramente, nos Estados Unidos, por volta dos anos 1940. Uma das grandes razões, certamente, é a particularidade histórica desse país, povoado por imigrantes provenientes de culturas diferentes. Não por acaso que os discursos multiculturais, tão em voga hoje em dia, tenham florescido também em solo norte-americano. G. Spindler é considerado o fundador desse discurso que conduziria, mais de 20 anos depois a um marco da pesquisa antropológica na educação: o Council in Anthropology and Educacion – um braço da Associação Estadunidense de Antropólogos. Em 1955, Spindler reuniria em Stanford, o primeiro simpósio dedicado à antropologia na educação (CAMILLERI, 1985; BOGDAN; BIKLEN, 1994).

pessoas, Boas demonstrou, recorrendo a métodos estatísticos de extrema rapidez (de uma geração, no caso) a variação de traços morfológicos sob a pressão de um ambiente novo. Mostrou que o conceito pseudocientífico de "raça humana" concebido como um conjunto permanente de traços físicos e específicos de um grupo não resistiria a um exame rigoroso.

A característica do humano no plano físico é sua plasticidade, instabilidade e mestiçagem, e Boas antecipou descobertas de hoje da genética de populações humanas, recusou e denunciou o absurdo da ideia da ligação entre traços físicos e mentais e adotou o conceito de cultura que lhe parecia mais apropriado para explicar a diversidade humana. Para Boas não há diferença de natureza biológica entre primitivos e civilizados; as diferenças são de culturas adquiridas, logo não inatas.

Cético com as grandes sínteses explicativas, tanto dos evolucionistas, quanto dos difusionistas, Boas foi mais analista do que teórico. É, para a antropologia e para a história, um precursor no método indutivo e intensivo de campo, tendo defendido a etnologia como uma ciência da observação direta. A ele devemos a concepção antropológica de "relativismo cultural", mesmo que não tenha sido ele o primeiro a pensar nisto.

Boas defendeu que o relativismo é, antes de tudo, um princípio metodológico a fim de escapar de qualquer forma de etnocentrismo no estudo de uma cultura particular, a qual ele recomendava abordar sem um *a priori*, sem empregar suas próprias categorias para interpretá-la, sem compará-la prematuramente a outras culturas. Cada cultura é dotada de "estilo" particular que se exprime através das crenças, dos costumes, da arte, mas não apenas dessa maneira.

O culturalismo é, assim, a linhagem do pensamento antropológico que primeiro confere à cultura o primado da explicação da diversidade humana. E, desde essa perspectiva, Boas se colocou como um crítico atuante do sistema educacional norte-americano, denunciando, entre outros aspectos, a ideologia que a sustentava a cultura centrada na liberdade, mas que, contraditoriamente, apresentava uma prática educativa mais do que conformista, coercitiva, com o objetivo de criar sujeitos para o sistema produtivo de acordo com um modelo ideologizado de cidadão.

Boas demonstrava, assim, através de inúmeros estudos realizados diretamente no campo educacional, que a escola inexistia como instituição independente como o ideário norte-americano, queria fazer crer. E como tal, a escola não estava orientada em sua organização administrativa e curricular para práticas que contribuíssem para a autonomia dos sujeitos. Ao contrário, a escola centrava-se em um aluno modelo, desconsiderando a diversidade da comunidade escolar e seu entorno, e, para controlá-lo, atuava de forma autoritária (GUSMÃO, 1997).

Essa marca libertária fortemente impressa no pensamento boasiano é traduzida de modo muito peculiar na educação brasileira nos anos de 1930, quando estava colocada à ciência e à política a questão de uma identidade nacional e os modos como essa ideia seria operada e repercutiria nas políticas educacionais da época. Como explica Consorte (1997, p. 27-28),

> Na década de 30, marco da reflexão culturalista no Brasil, são duas as fontes de diversidade cultural que preocupam os antropólogos mas, sobretudo os políticos e educadores: os numerosos descendentes dos imigrantes italianos, alemães e japoneses, concentrados em sua quase totalidade nos estados do sul, e os descendentes africanos, disseminados por todo o país, contingentes profundamente diversos, física e culturalmente, e que colocavam problemas bastante específicos, em relação ao nosso presente e ao nosso futuro.

Que problemas essa realidade suscitava aos idealizadores e gestores da política educacional e como as respostas ou soluções foram encontradas e operacionalizadas, e, dessa maneira, como o culturalismo foi "lido" em terras tupiniquins?

O culturalismo no Brasil

Duas preocupações principais podem ser apontadas no referido contexto: a o abrasileiramento dos imigrantes e seus descendentes de modo a não se constituírem em um obstáculo e uma ameaça de ordem cultural ao projeto de unidade nacional e a ideologia do embranquecimento da raça que levou à tentativa de erradicação das tradições culturais de origem africana tidas como ameaça ao projeto de construção de um país "branco, ocidental e cristão". Ou seja, se está na cultura a explicação da diversidade social, a erradicação de traços culturais indesejáveis é a solução para a integração nacional. Por esta lógica, em lugar da valorização da diferença cultural, as políticas são de supressão de matrizes culturais oriundas dos estrangeiros, particularmente, os africanos (ORTIZ, 1986).

Assim é que as ideias de Boas, ferrenho defensor da cultura e de suas diferentes histórias como forma de democracia, foram apropriadas como uma espécie de não antropologia no Brasil. Haja vista as políticas educacionais de cunho higienista orientadas pelo empreendimento de abrasileiramento embranquecedor da população brasileira, tais como "o plano para auxílio federal aos estados onde mais premente se encontrava o 'problema da nacionalização do ensino', elaborado na gestão Lourenço Filho, à frente do Instituto Nacional de Estudos Pedagógico (Inep)" (CONSORTE, 1997, p. 28), criado por Getúlio Vargas em 1938. E, na sequência, a perseguição aos centros de culto das tradições africanas, especialmente os candomblés da Bahia, aos catimbós dos estados do Nordeste e às macumbas do Rio de Janeiro, interpretadas por alguns discípulos da "escola" Nina Rodrigues como manifestações de atraso, ignorância e feitiçaria.

Portanto, um projeto educacional e cultural que servisse à nação brasileira pressupunha o conhecimento dessas formas primitivas de pensamento (das culturas negras), de modo a definir mecanismos de correção e de assepsia desses verdadeiros entraves ao progresso e futuro do País. Fazendo uso ideológico de um discurso de reconhecimento e respeito às diferenças sociais, tal projeto procurou, na verdade, a supressão dessas diferenças em nome do progresso nacional. Ou seja, estudos realizados revelando a existência de diferentes e desiguais modos de vida serviram, na verdade, para sustentar o princípio da educação como forma de controle social.[8]

O fato é que, apesar dessa peculiar e interessada recepção do culturalismo no Brasil, pouco ou quase nada do pensamento boasiano se conhece no meio educacional, e a atualidade de sua proposição sobre um pensar antropológico na educação revela que tal diálogo foi iniciado, mas não concluído, sequer continuado.[9] Quais as implicações da retomada dessa conversa hoje, no âmbito de uma sociedade complexa e que muda numa velocidade nunca antes vista?

---

[8] Não podemos deixar de anotar que outra leitura do culturalismo no Brasil vai ser feita com Gilberto Freyre, que, como Boas, recusa o conceito de cultura como "uma segunda natureza" e pensa o processo cultural como abrigo de ambíguas e inusitadas experiências, concedendo-lhes o mínimo de dignidade intelectual – a noção de sincretismo (ARAÚJO, 2004).

[9] Sem incorrer nos riscos da generalização, não podemos esquecer de antropólogos como Melvin Herskovits e Robert Redfield, que, nas férteis trilhas do pensamento de Franz Boas, pesquisaram o papel do professor na mediação de conflitos entre a tradição e as experiências dos estudantes. Sobre uma leitura da antropologia da educação como setor acadêmico nos Estados Unidos, que remonta aos anos 1970, recomendamos a leitura do artigo de Ana Maria Gomes (2006). Nessa linha, e mais contemporaneamente, é preciso fazer algumas ressalvas, entre elas o consistente trabalho da chamada antropologia indígena. Essa é uma das divisões do campo da antropologia que, historicamente, tem se debruçado sobre as questões específicas da educação nas sociedades indígenas, em defesa de seu patrimônio e em respeito à interculturalidade, ao multilinguismo e à etnicidade. Prova disso é a conquista de uma legislação específica sobre a educação indígena, que, em grande medida, foi elaborada e promulgada em face das pressões de movimentos de defesa da cultura indígena com ampla participação de antropólogos (Decreto Presidencial 26/91). Igualmente podemos dizer da Lei Federal n. 10.639, de 2003, que torna obrigatório o ensino de História da África e dos afrobrasileiros em todas as escolas do país e que contou com a ampla participação de antropólogos nas lutas em favor de sua elaboração.

Quando afirmamos essa incipiente e descontínua conversa entre a antropologia e a educação, não podemos deixar de notar que, também, no campo antropológico, pouco se sabe ou se pesquisou sobre a instituição escolar, suas dinâmicas e os demais processos de aprendizagem que ocorrem de forma paralela ou concorrencial a ela.

Recorremos novamente ao mestre Carlos Rodrigues Brandão para bem lembrar que o mundo da educação é um mundo ainda por demais estranho ao mundo de estudiosos da cultura, o que soa paradoxal, se afirmamos reiteradamente a educação como cultura.

Mas a verdade é que, na atualidade, poucos antropólogos das diversas linhagens de pensamento se interessaram pela educação e pela escola como Boas e seus seguidores. Desde a criação da moderna antropologia persiste um relativo distanciamento de "tudo que tem a ver com as estruturas e processos intencionais e agenciados de socialização pedagógica de crianças, de adolescentes e de jovens" (Brandão, 2002, p. 141).

Uma primeira explicação para essa constatação pode residir na própria antropologia, afirma Brandão, nosso ofício, de antropólogas e antropólogos, é muito mais dirigido ao mundo dos adultos do que ao de crianças e jovens aprendizes. "Crianças e jovens atraem nossa atenção mais como participantes de rituais de passagem, do que como lentos sujeitos submetidos a um 'longo trabalho de saber'" (p. 142). A comparação do autor é exemplar:

> Guardadas as proporções, é como se uma antropologia nascida da pesquisa de observação participante junto a comunidades tribais, interessassem muito mais os ritos de formatura e o destino social do "formado", do que o trabalho escolar cotidiano de sua formação através da aprendizagem, escolar ou não. (p. 142)

A bem da verdade, todo o mundo da cultura, no qual educação e escola estão imersos, adquire vida e plasticidade e acaba sendo deixado muito mais aos cuidados da psicologia e de ciências afins, inclusive a pedagogia. Como afirma o referido autor:

> Uma das dimensões mais essenciais de tudo que envolve a educação foi tornada opaca, sem sentido, isenta de perguntas, vazia de respostas. Do tripé em que ela deveria estar assentada: a pessoa humana, a sociedade e a cultura, faltou um dos pés de apoio. (p. 144)

Pois bem, retomar uma conversa entre antropologia e educação[10] pode passar pela escolha de diversas chaves: teorias antropológicas e teorias educacionais, recortes conceituais que interessam à educação, como é o caso da ideia de cultura, por ser ela a categoria fundante do pensamento antropológico, como já destacamos neste texto. Bem como pelo eixo metodológico, com a realização de algumas etnografias.

E mais, se considerarmos a literatura educacional nas últimas décadas fica por demais evidente a incidência de

---

[10] É notável o esforço de antropólogos em focar educação e escola como campos de investigação. São exemplares as pesquisas e publicações dos Programas de Pós-Graduação em Educação da PUC Rio, da Unicamp e da UFAL, coordenados, respectivamente, pelas professoras Tânia Dauster, Neusa Gusmão e pelo professor Amurabi Oliveira. Bem como as investigações do Grupo de Estudos e Pesquisas em Educação e Culturas (EDUC), junto ao Programa de Pós-Graduação em Educação da PUC Minas, coordenado pela professora Sandra Pereira Tosta. Mais recentemente destacamos os trabalhos desenvolvidos no Núcleo de Antropologia Urbana (NAU), da USP, sob a coordenação do professor José Guilherme Cantor Magnani, que vem desenvolvendo pesquisas sobre jovens em seus vários trajetos, inclusive a escola e a educação de pessoas portadoras de deficiências. Já do lado da educação, vale registrar os esforços de Marília Spósito, da Faculdade de Educação da Universidade de São Paulo (USP), no Observatório da Juventude, com pesquisas socioantropológicas que envolvem, principalmente, jovens e escolas. Destacamos, também, o esforço empreendido desde a década de 1980 por pesquisadores do Departamento de Investigación Educativa (DIE), do Instituto Politécnico do México, que como metodologia propõem uma "etnografia da escola". Tal grupo está sendo estudado por Rocha e Tosta (20012), em projetos de pesquisa financiados pela FAPEMIG e pelo CNPq nos termos da apropriação da antropologia pela pesquisa educacional na América Latina.

tentativas de reflexão e elaboração de um pensamento educacional orientado pela antropologia, que apropria desta os modos como ela sistematizou seu olhar sobre o outro ou elaborou meticulosamente uma tensa e densa fenomenologia do olhar como vimos antes.

Passamos, então, a falar da convergência entre antropologia e educação, conscientes de que o que aqui está sendo dito é tão somente uma possibilidade entre muitas. Parece evidente que se as práticas educacionais escolares ou não são construídas na cultura, isto é, se observamos, registramos e interpretamos um cenário no qual o conhecimento, sua produção, reprodução, transmissão e circulação, a aprendizagem, a socialização e outras tantas interações ocorrem, assim devem ser tratadas como fatos da cultura.

Essa já seria uma primeira categoria a reorientar e enriquecer estudos sobre educação. E a partir dessa categoria central e vital à antropologia, outras dela decorrentes como os estudos de identidade e seus congêneres: etnia, raça, gênero, religião, geração, necessidades especiais, entre outras, tidas como marcadores identitários estão presentes e tornam visível o mundo do humano em suas diferenças; portanto, atravessam o mundo da educação e da escola.

Outro ângulo para pensarmos a referida convergência entre os campos da antropologia e da educação seria o reconhecimento da escola como lugar de produção de significados e receptora de significados externos. Em outros termos, pensar as culturas na escola – o que envolve o reconhecimento de dinâmicas externas ao *éthos* escolar e que na escola atuam nos múltiplos modos como os sujeitos pensam e agem. E as culturas da escola como aquelas expressões que configuram na história esta instituição e que não nos permite imaginar que toda escola é igual (MEDEIROS, 2006).

Há que se entender que para além de uma aparente uniformidade, a instituição escolar assim como os sujeitos que a fazem existir, carregam experiências e saberes que os singularizam.

Partiremos, então, reafirmando a proposição já anunciada na introdução deste livro, ou seja, da educação como cultura, da "cor local e da cultura escolar", sugerindo, ao final, alguns desafios investigativos a partir da temática cultura e identidade

A educação como cultura

Claro que ao falar de cultura, estamos sempre a considerando no plural, reconhecendo com Forquim (1993) que a cultura da escola é constituída de um mundo social que tem características próprias, seus ritmos e seus próprios ritos, sua linguagem, seu imaginário, seus modos de regulação e de transgressão, seu regime próprio de produção e de gestão de símbolos.

No mesmo tempo e espaço da cultura da escola, outras tantas cores podem ser vistas e apreciadas: processos mais particulares e contingentes das diversas culturas presentes no cotidiano da escola, nas interações e nas redes de sociabilidade que ali são trançadas. E que, multicoloridas, carregam tons e variações de outros tempos lugares ou de *bricolagem* desses outros tempos e lugares, oferecendo outras tessituras que traduzem as experiências dos diferentes sujeitos e participantes das dinâmicas educacionais na escola.

Considerando, assim, que não existe uma cultura única na escola, temos, então, que as normas escolares (o institucional) passam por um viés que leva em conta sua outra face, ou seja, os modos como elas são assumidas cotidianamente (o "vivencial"). Em outros termos, é dar conta de perseguir e realizar, ainda que parcialmente, a meta da antropologia como disciplina consagrada ao estudo do homem no exercício permanente da alteridade. Essa "alteridade que, acima de tudo", como bem sublinha DaMatta, "interessa à antropologia e se tornou sua preocupação central. Esta nova identidade, que faz dela a ciência dos 'grupos', das 'tribos', dos 'primitivos'" (1993b, p. 43) e que marca a história da disciplina.

O que esse discurso diz à educação e às práticas escolares? Certamente muito, se tomarmos os inúmeros espaços educativos e, por suposto, espaços de socialização e de sociabilidades como lugares de diferentes grupos, diferentes necessidades que se definem no plano das identidades, cujo significado no mundo contemporâneo está aberto e polissêmico, assim como cultura, porque

> [...] são conceitos que remetem a uma mesma realidade, vista por dois ângulos diferentes. Uma concepção essencialista da identidade não resiste mais a um exame do que uma concepção essencialista da cultura. A identidade cultural de um grupo só pode ser compreendida ao se estudar suas relações com os grupos vizinhos. (CUCHE, 1999, p. 14)

Em outros termos, a identidade, seja individual, seja coletiva, pressupõe sempre a dimensão da alteridade como uma categoria social e relacional. Ela se constrói a partir de experiências comuns com as quais os indivíduos se defrontam e confrontam entre si. É um movimento constitutivo de dupla dimensão: se perceber semelhante aos outros – reconhecer e ser reconhecido e, ao mesmo tempo, afirmar a diferença enquanto indivíduo ou grupo. Isto é, acolher igualdade e reciprocidade, num mesmo movimento. Nesses termos, o conceito antropológico de identidade a caracteriza como um fenômeno emergente da dialética entre indivíduo e sociedade, distanciando-se dos essencialismos ou da fixidez. Ressonância dessa atitude teórica pode ser encontrada na educação via estudos da psicologia, pois, a dimensão interativa na qual podemos pensar as identidades já é, há muito tempo, temática privilegiada nos estudos de Vygotsky (1989). Para esse psicólogo, o homem é um ser que se forma a partir das interações sociais que experimenta (com os outros) ao longo de sua vida.

Pois bem, assumindo essa categoria construída na antropologia, mas não só, podemos pensá-la como uma "chave" que abre à educação a percepção sobre as múltiplas expressões culturais que atravessam o cotidiano escolar. Nesse sentido, podemos compreender, por exemplo, como alunos adolescentes usam seu uniforme e faz dele outras roupagens através de uma "customização"[11] criativa e, muitas vezes, irreverente, revelando modos de pensar e agir que nem sempre correspondem às expectativas da escola, mas que respondem e expressam necessidades próprias, tanto no nível biológico quanto cultural, de quem busca seu lugar no mundo.

Por exemplo, Freire (2004) ao observar atentamente os alunos de uma escola da rede particular na região norte de Minas Gerais pôde apreender e identificar no cotidiano dos adolescentes os mecanismos de participação e criação desenvolvidas, rotineiramente, com relação ao uso do uniforme escolar. Nesse processo de (re)significação da "farda", o que está sendo dramatizado é o processo de construção de um estilo cultural próprio que se estende, até mesmo, a outros espaços (*pedaços*) nos quais os alunos tomam parte, tais como a sala de aula, o pátio, a entrada e a saída da escola. Em outras palavras, o desenvolvimento dessas estratégias evidenciavam claramente uma conexão do mundo da escola com outros tantos espaços externos a ela. Nesse caso, além das categorias de cultura escolar e culturas na escola – as cores locais –, Freire reconstitui a ideia genericamente hegemônica de "aluno" e de adolescente para torná-la uma ideia revestida de *carne, osso e sangue,* aproveitando bem os ensinamentos do polonês Malinowski, para mostrar práticas que produzem "adolescentes alunos".

Ou como a pesquisa recente de Ferreira (2008), a qual, investigando o uniforme como artefacto das culturas presentes na escola, toma uma dessas instituições como *locus* privilegiado de sentidos e representações que nos permitem dialogar com modelos éticos e estéticos na construção possível por alunos adolescentes de suas formas de subversão e ressignificação do uniforme escolar na procura de afirmação de identidade.

---

[11] "Customização", do original inglês *custom made* ("feito sob medida"), designa um processo de "estilização" individual da moda.

Foi também dialogando com a antropologia que Pinheiro (2008) deu conta de bem interpretar como adolescentes de uma escola pública se apropriavam e que usos faziam dos tempos e dos espaços escolares externos à sala de aula. Ela pode perceber como a escola podia ser pensada para além da sala de aula, quando se consideravam os inúmeros territórios que eram demarcados, vividos e comunicados pelos alunos que se declaravam pertencer a diversas "tribos". Tribos lá de fora que assumiam outros coloridos dentro da escola. Esses modos como ocupam e recriam tempos e espaços na cultura da escola podem ser lidos como um texto com lógicas construídas para fazer frente às normas e interdições da instituição. Ou simplesmente como um texto que aponta para o "empoderamento" desses adolescentes de tempos e espaços institucionalizados com determinadas funções, no mais das vezes, alheias às necessidades que permeiam as aprendizagens desses meninos.

Essas são algumas leituras de dinâmicas educativas que optaram por dialogar com a antropologia (não só, mas principalmente) articulando teoria e empiria e fazer a viagem em busca da reeducação do próprio sentido de sua condição de professores, para responder à questão da diferença e do direito à diferença como marcas das políticas de identidade do tempo presente: tempos de multiculturalismo! – uma noção tão presente no discurso educacional. E buscar elementos para repensar os modos como a educação se organiza (em termos políticos e pedagógicos) tendendo a desconhecer a diferença como um traço que atravessa vida escolar, como de resto a totalidade social.

Em outros termos, a exemplo dessas, são inúmeras as pesquisas que vêm sendo realizadas em programas de pós-graduação em educação no Brasil, nas quais a escola e seus sujeitos são enfocados a partir de categorias antropológicas. Neste caso dos usos dos uniformes, dos tempos e espaços escolares por adolescentes, esse diálogo interdisciplinar fez emergir temáticas presentes no cotidiano das escolas e que ainda têm muito pouca visibilidade, mas, nem por isso, de menor importância para a compreensão dos processos educacionais no interior dessa instituição, tomando-a sempre de modo relacional e em interação com a realidade social na qual está situada.[12] De resto, como tentamos mostrar inspirados em DaMatta (1993b, p. 45),

> [...] a experiência profunda da antropologia permitiu estabelecer que a significação das instituições sociais não reside nelas mesmas, mas em suas relações. As realidades sociais são construções que, enquanto tal, não têm substância nem essência. Na vida social, a significação (e tudo o que a acompanha: capacidade, poder de coerção e de evocação etc.) é obtida em contexto e em situação relativa.

Evocando Van Gennep, em seu clássico *Rites de passage*, DaMatta (1962, p. 45) nos diz que,

> [...] descobrir o que se produz antes ou depois, observar a sequência de "inícios, de meios e de fins" de uma ação, é um problema fundamental no estudo das culturas. Assim se explica que uma fragmentação desordenada ou um isolamento demasiado rígido possam ser verdadeiros inimigos dos estudos sociais justos, claros e originais.

Pois bem, com a antropologia é possível compreender, ainda, que as instituições sociais se realizam nos modos como os sujeitos as pensam e as vivenciam em seus contextos. Apreender o contexto é estudar globalidades, modalidades de ação, estruturas de posicionamento e de poder, a polissemia discursiva, os sentidos produzidos por e sobre um mesmo objeto ou fenômeno, a instituição de papéis sociais.

Ora, com a educação e a escola não seria diferente, dado que se estruturam, contextualmente, no tempo e no espaço. Nesses termos, a história é uma grande aliada para interpretarmos como os sentidos das coisas são encontrados, afinal, "na dialética do objeto isolado e do tecido de possibilidades contextuais que rege sua significação" (DAMATTA, 1993b, p. 45).

Em uma instituição que, historicamente, emerge como lugar do homem, para mais tarde, tornar-se espaço de mulher, principalmente nas séries iniciais, a presença do homem nessa modalidade de ensino, hoje, "é boa para pensar" relações de

---

[12] Novamente remetemos o leitor à consulta dos anais da ANPEd, especialmente a partir dos anos 1990 e ao relatório de pesquisa "Os usos da etnografia na pesquisa educacional" (TOSTA, 2007).

gênero ou como a atribuição de papéis sociais é definida na cultura e, muitas vezes, em relações de disputa e de poder.

Buscando a construção dessa lógica do ponto de vista de indivíduos e suas subjetividades na relação com a estrutura social é que Melo (2002), Ramalho (2002) e Silva (2006), em suas pesquisas em escolas, nos oferecem leituras originais de como homens e mulheres se constituíram professores e professoras. E problematizam, ou melhor, trazem novos elementos para os estudos já consagrados de "feminização do magistério", como a questão do corpo e das masculinidades construídas nas interações com crianças na educação infantil, a condição docente como uma que é elaborada nem sempre a partir de uma escolha racional, senão que de uma imposição conjuntural e cultural. Dito de outro modo, não nascemos ou somos professores, tornamo-nos professores!

Em um universo por demais psicologizado e pedagogizado, outros olhares e outros ângulos de interesse na investigação educacional apontam a emergências de sujeitos que, tornados professores, alunos, gestores, animadores socioculturais, educadores sociais, enfim, são convocados a falar de suas vidas, de seus sonhos, suas realizações e seus fracassos, como pessoas totais que são (BRANDÃO, 2002).

Experiências como essas carregam nitidamente as cores interdisciplinares envolvendo múltiplos e consistentes entendimentos teóricos e metodológicos e que ampliam o foco sobre a realidade educacional e escolar e nos possibilitam ensaiar outras críticas, outros olhares, outras alternativas às instituições que aí estão.

Do cotidiano da educação para a educação do cotidiano

Finalmente, diríamos que a experiência de uma antropologia da educação, conforme sistematizada e apresentada aos nossos pacientes leitores, coloca uma exigência: o trabalho de campo, em geral, traduzido nos estudos sobre o cotidiano, ou seja, estudos que buscam investigar o cotidiano de uma escola, de espaços educativos não formais, de um grupo, de uma comunidade, de uma aldeia, de um gueto, de uma instituição, enfim.

Em outros termos, queremos reafirmar nossa opção por não confinar estudos no espaço escolar – passar do estudo do cotidiano na escola para e educação do cotidiano que cerca a escola. Pois, mesmo quando nos afastamos da instituição escolar, formal ou não formal, como as ONGs e seus projetos socioeducativos, não os abandonamos como nossa principal referência empírica. Ao contrário, o movimento ora proposto quer busca ampliar a escola observando-o do exterior, do seu entorno, do contexto macro, nas articulações que mantém com a realidade, seja pela presença ou, paradoxalmente, pela ausência.[13] Daí nossa opção por ter sempre como eixo de estudos a observação do e no cotidiano.

O cotidiano considerado por nós como um lugar privilegiado de análise social, pois é nele que se aprende o irracional, o não racional, o não lógico, a desordem, o acaso, a diferença – tudo que não pode ser quantificado no vir-a-ser social, diremos que estudar o cotidiano requer um treino teórico e metodológico por parte do pesquisador. Falamos ou retornamos aqui com a ideia central de uma antropologia da educação como uma fenomenologia do olhar: de uma "sensibilização do olhar", usando a expressão de Geertz, para quem a realidade é um texto confuso a ser decifrado.

Dito de outro modo, o cotidiano não se manifesta ou se dá a conhecer à primeira vista, é preciso tempo, maturação do olhar e um "inevitável" envolvimento com seus sujeitos. Condições que não podem ser simplificadas ou desprezadas dada a sua implicação, replicação e repercussão no processo de pesquisa como uma apropriação e interpretação da experiência humana em termos holísticos.

---

[13] Nossa referência apoia-se em estudos que incluem, por exemplo, grupos culturais, novos movimentos sociais, trajetórias pessoais e profissionais de professores e professoras, saberes docentes e discentes, ciberespaço, interações em lugares de aprendizagem, sociabilidades, observando-os de dentro e de fora da escola. O livro de Brandão (2002) aqui por mais de uma vez referenciado, *Educação como cultura*, traz eixos e ideias de pesquisa sobre educação e escola nessa perspectiva também externa aos tempos e aos espaços escolares.

Assim é que pensar o cotidiano é sempre pensar a realidade de modo interdisciplinar ou nas fronteiras de campos do conhecimento como a história e a antropologia, por exemplo. Dado que investigar a vida no fluxo de sua cotidianidade é tomar o real em suas múltiplas e complexas, porém, integradas dimensões, que não autorizam um ponto de vista fragmentado, por mais que tenhamos consciência dos limites da ciência e dos limites do pesquisador na pretensa atitude de conhecer um fenômeno social total.

A metodologia, necessariamente qualitativa, e as fontes documentais para o estudo da vida cotidiana implicam afirmar que não se desprezam os dados quantitativos, pois tais dados servem para ampliar o entendimento e o uso sensato de procedimentos metodológicos qualitativos não descolados dos indicadores e *datas* relativos ao macro espaço e acontecimentos.

Fato que, em geral, implica estudos de caso bem delimitados e a conjunção de técnicas e instrumentos de pesquisa úteis, como procedimentos relativos à história oral, às representações sociais, e, claro o trabalho de campo mediante observação participante, preferencialmente em um grupo social de dimensões reduzidas, traço paradigmático na pesquisa de campo antropológica em sua busca pelo outro.

A aceitação dessas condições teóricas e metodológicas implica, desse modo, a aquisição de determinadas condições materiais e simbólicas, ou seja, estudar o cotidiano é ter claro que o tempo pode operar ou não a nosso favor! Um intervalo de tempo que dificilmente se precisa, mas sabe-se que não pode ser tão curto como aquele que remete à aplicação de um questionário e análise de dados, por exemplo, considerando que o tempo no cotidiano não é, necessariamente, o tempo administrado e controlado pelos nossos recursos e desejos.

Há que se pensar e mergulhar num tempo de espera em que a observação, participante é um recurso indispensável. Como ensina Malinowski (1978), a grande atitude é observar participando, não significando isso somente interrogar e/ou perguntar; a particularidade está nessa relativa "passividade", no mergulhar na realidade sem ser inquiridor, mas ser capaz de suscitar conversas, diálogos, enfim, trocas simbólicas. Sendo mais receptivo no ouvir, no ver e no escrever, parafraseando Oliveira (2000) em sua brilhante lição de pesquisa para antropólogos e outras áreas das ciências sociais.

Tudo isso exige observação ampla da cultura e da vida social que não é "dada" em crenças, sentimentos, normas legais e costumeiras. Apreender o "fato social total" na conceituação de Marcel Mauss, para quem, ao exercer a etnografia, mais que ideias ou regras, precisamos apreender homens, grupos e seus comportamentos, ratifica Berreman (1979).

Desse modo, se a observação participante coloca a questão da totalidade no campo tendo em vista sua complexidade, isso não elimina o trabalho laborioso de coleta de dados, a rigorosa interpretação e integração das evidências empíricas de modo a recriar essa totalidade.

Cremos ser esse trabalho de campo sistemático e prolongado inerente à abordagem do cotidiano que pode ser adotada pelos pesquisadores em antropologia da educação, pois é dessa vivência densa que damos conta de aspectos centrais da realidade. Aspectos tais que, muitas vezes, ficam envolvidos na sombra daqueles acontecimentos geralmente considerados relevantes por sua dimensão e repercussão. Com efeito, esperamos ratificar o juízo que em antropologia constitui no exercício mais usual da disciplina, mas nem por isso menos fecundo e eficaz, que é a capacidade de podermos ver naquilo que é familiar o exótico (desconhecido), e, no exótico, o familiar. Afinal, é preciso lembrar, sugere Velho (1987, p. 126), "o que sempre *vemos* e *encontramos* pode ser familiar mas não é necessariamente *conhecido* e o que não *vemos* e *encontramos* pode ser exótico mas, até certo ponto, *conhecido*". Nesse sentido, o fato muitas vezes de estarmos imersos na realidade cotidiana das escolas, o que nos é familiar, acaba por produzir uma relativa "miopia etnográfica" que nos impede de ver o que está muito próximo e, por isso mesmo, não nos permite um distanciamento sociológico. "O meu conhecimento pode estar seriamente comprometido pela rotina, hábitos, estereótipos. Logo, posso ter um mapa mas não compreendo necessariamente os princípios e mecanismos que o organizam" (p. 128). A solução, se é que se trata de uma solução, consiste em vestir a capa de antropólogo e tentar descobrir para além do que está aparente um mundo de significados encobertos pelos estereótipos, pelos hábitos e pelas rotinas.

Essa preocupação com questões miúdas da cultura dos grupos e das instituições estudadas estão sempre no foco da atenção dos pesquisadores, alertando-os para a importância de se analisar as situações micro do cotidiano em estreita conexão com os determinantes macroestruturais. Nessa necessidade dialógica que se impõe sobre nós, pesquisadores, está uma das maiores tensões e dilemas à investigação do cotidiano. Pois é no exercício competente e constante da articulação das relações dialéticas entre a micro, a meso e a macroanálise, no estudo de comportamentos e estruturas sociais, das subjetividades e objetividades que demonstramos a acuidade do olhar, do ouvir e do escrever, oferecendo uma, das possíveis interpretações da realidade social (CALDEIRA; TOSTA, 2008).

Dessa maneira, pesquisar o cotidiano exige, ainda, construir relações de interação que envolvem, também, o pesquisador; trata-se de uma construção gradativa de comportamentos que vão se desvelando e outros que vão se estruturando, quando de uma observação sensível e sistemática no campo da pesquisa.

Assim entendemos que o investigador ocupa um papel chave na pesquisa, pois cabe a ele observar, sistematizar e interpretar a realidade pesquisada identificando ao menos duas dimensões: a pública, portanto, o lado manifesto e explícito das relações sociais, e a privada, o lado ao qual se referem os elementos constitutivos e atuantes dos bastidores, aquilo que está, aparentemente, implícito e subsumido pela realidade enfocada. Fato que requer saber que no social o cotidiano é composto de mundos interdependentes aos quais o acesso depende do nível de interação que se estabelece entre o investigador e o grupo social pesquisado. E que evidencia que qualquer grupo humano tem regras próprias – traços culturais peculiares e nem sempre aparentes.

FONTES MULTIMÍDIA

Obras científicas

ARIÈS, Philippe. *História social da criança e da família*. 2. ed. Rio de Janeiro, Guanabara, 1986.

Obra de referência sobre o processo de produção do indivíduo moderno desde a Idade Média, Ariès nos brinda com um belíssimo livro de história das mentalidades (história de longa duração) no qual se revela a construção do sentimento de infância na sociedade moderna acompanhado das mudanças na estrutura da educação e da família. Explorando o cotidiano das crianças na família e na escola, o historiador analisa temas como o traje das crianças, as brincadeiras e jogos hodiernos, a vida no internato, os sistemas de castigo e punição, etc. Esse livro é um marco na historiografia moderna contemporânea na medida em que não só renova no estudo de novos objetos como, por exemplo, a criança, mas também na utilização de novos métodos na aproximação do cotidiano.

BRANDÃO, Carlos Rodrigues. A *educação como cultura*. São Paulo: Mercado de Letras, 2002.

O livro teve sua primeira edição em 1995 e, certamente, é pioneiro no debate sobre educação e antropologia, assim como seu autor é um incansável e "desbravador" dessa interface, ainda em construção. Em um conjunto de textos, alguns deles revistos para a edição de 2002, Brandão expressa o seu compromisso com a tarefa de esclarecer questões cujo conhecimento desvendaria problemas vividos pelo educador e antropólogo de nosso tempo. Apresenta e discute pesquisas de campo que tematizam cultura e as teias do aprender e ensinar, a cultura na educação e a cultura popular nos anos 1960 e, especialmente, nos oferece textos sobre a infância na cultura. Leitura indispensável para educadores e antropólogos, sem dúvida!

DAMATTA, Roberto. *Relativizando – uma introdução à antropologia social*. Rio de Janeiro: Rocco, 1987.

Uma das melhores introduções à antropologia produzida por um antropólogo brasileiro. O livro, dividido em três partes, apresenta, primeiramente, a antropologia no quadro das ciências sociais e humanas destacando a sua especificidade epistemológica no conhecimento do social e do cultural; em seguida, discute as relações da antropologia com a história ao longo da própria história da antropologia moderna; por fim, o autor discute a natureza do trabalho de campo na prática da antropologia tomando como exemplo sua própria trajetória biográfica e etnográfica nas comunidades indígenas.

DAUSTER, Tania (Org.). *Antropologia e educação – um saber de fronteira*. Rio de Janeiro: Forma & Ação, 2007.

A coletânea organizada por Dauster consiste numa contribuição significativa para ampliar o entendimento e o campo das relações entre antropologia e educação. Os textos, em sua maioria, são oriundos das dissertações e teses de doutorado defendidas no Programa de Pós-Graduação em Educação da PUC-Rio. O livro é composto de nove artigos dentre os quais se destaca o de Dauster na medida em que discute as interfaces da antropologia com a educação ao mesmo tempo que sua experiência acadêmica de ensino, pesquisa e orientação serve de fio condutor. Abordando temas referentes tanto à educação formal quanto a informal, os textos exploram processos de formação do *éthos* do professor a partir da leitura; analisa as representações em torno do ser universitário, apresenta a trajetória escolar de técnicos de ensino médio, seus problemas e sonhos de vida, investiga a prática pedagógica embutida na arte dos grafiteiros e no jogo do jongo com as crianças; analisa o projeto de implantação da educação sexual pare os alunos do ensino médio; descreve o cotidiano de uma professora do ensino fundamental; enfim, toma os cineastas e sua formação como objeto de investigação. De um modo geral, a etnografia entendida como observação participante acompanhada de entrevistas, conversas, estudos de casos é o método privilegiado utilizado pelos pesquisadores.

DAUSTER, Tania. TOSTA, Sandra Pereira. ROCHA, Gilmar (Orgs.) *Etnografia e Educação*. Rio de Janeiro: Lamparina, 2012.

O livro reúne artigos de pesquisadores de instituições nacionais e estrangeiras que atuam nos campos da antropologia e da educação. Desde esta perspectiva, os autores apresentam ao leitor etnografias nessa interface, a fim de contribuir, de um lado, para o aprofundamento das reflexões sobre as relações entre os campos da antropologia e da educação no âmbito das pesquisas acadêmicas. E, de outro, apresentar os desafios e as possibilidades que estes mesmos campos, em diálogo, colocam a um público amplo formado por profissionais e professores que atuam em espaços escolares e não escolares de formação.

ERIKSEN, Thomas Hylland; NIELSEN, Finn Sivert. *História da antropologia*. Petrópolis: Vozes, 2007.

Livro de introdução à antropologia que foge um pouco aos manuais convencionais. A partir da perspectiva histórica da disciplina, os autores apresentam de maneira concisa e precisa alguns dos principais temas, problemas, dilemas, movimentos e tendências vividas pela antropologia ao longo de sua história. Trata-se de um livro que, apesar da pretensão em realizar uma *História da antropologia*, fornece uma visão ampla e relativamente de qualidade para o iniciante em antropologia.

GEERTZ, Clifford. *A interpretação das culturas*. Rio de Janeiro: LTD, 1989.

Clifford Geertz é um dos mais originais e estimulantes antropólogos do mundo contemporâneo, sendo considerado o "pai" da antropologia hermenêutica. Livro lançado nos idos de 1970, *A interpretação das culturas* apresenta a cultura como sistema complexo de símbolos e significados que o antropólogo deve apreender a partir do sentido atribuído pelos indivíduos à sua cultura. Numa tentativa de esclarecimento sistemático do próprio conceito de cultura em suas relações com o comportamento real de indivíduos e dos grupos sociais, Geertz defende a etnografia como uma forma de "descrição densa" sendo o melhor exemplo por ele fornecido a sua análise da briga de galos em Bali. Mas Geertz também analisa a religião, a política, a ideologia, mostrando que ele não se alheia à problemática de outras áreas afins como: a história comparada, a ciência política e a ecologia cultural. Trata-se de um livro de extrema importância para se compreender o sentido da antropologia produzida nas últimas décadas.

GUSMÃO, Neusa M. Mendes de; CONSORTE, Josildeth Gomes *et al*. Antropologia e educação: interfaces do ensino e da pesquisa. *Cadernos CEDES*, n. 43, Campinas: Unicamp, 1997.

Este número dos Cadernos CEDES (Centro de Estudos Educação e Sociedade da Universidade Federal de Campinas), reúne um conjunto de textos de pesquisadoras de várias universidades do Brasil que, de certa forma, são pioneiras – como é o caso de Josildeth Gomes Consorte, na apresentação do debate sobre antropologia e educação. Os artigos tematizam encontros e desencontros nas relações entre essas duas disciplinas no campo das ciências humanas, colocados nos termos da reflexão e da problematização de alguns caminhos percorridos pelas autoras em suas respectivas práticas docentes e de investigação.

GUSMÃO, Neusa M. Mendes de (Org.). *Diversidade, cultura e educação. Olhares cruzados*. São Paulo: Biruta, 2003.

O livro reúne trabalhos de um grupo de pesquisadoras que se propõem a refletir sobre as possibilidades do conhecimento antropológico no campo específico da docência e da pesquisa em educação. Dividido em três partes, a primeira trata de diversidade, cultura e educação; a segunda, de diversidade e educação escolar; e a terceira, de diversidade e práticas educativas.

MEAD, Margaret. Adolescencia y cultura en Samoa. 2. ed. Buenos Aires: Editorial Paidos, 1961, 194p.

Adolescencia y cultura en Samoa é a versão espanhol do clássico de Mead, *Coming of age in Samoa*, originalmente publicado em 1928. Inicialmente resultado de sua tese de doutoramento, o livro se tornou um marco na antropologia cultural norte-americana e um exemplo bem-sucedido de etnografia da chamada "escola de cultura e personalidade". Mead toma os adolescentes samoanos como objeto privilegiado de sua investigação sobre o papel da cultura na constituição e formação do "caráter" samoano. Entendendo a educação e a adolescência como processo cultural, contrariando alguns defensores da época que viam nesses fenômenos o resultado de herança biológica, Mead antecipa inúmeras questões que ainda hoje despertam a atenção de antropólogos e pedagogos. Livro imprescindível para quem busca apreender a formação das crianças e dos jovens desde a família, passando pela escola à sociedade em geral.

MEAD, Margaret. *Educación y cultura*. Buenos Aires: Editorial Paidos, 1962.

Educación y cultura é a versão espanhola de *Growing up in Guinea*, de 1930. Livro no qual Mead analisa a formação da personalidade dos *Manus*, tribo lacustre da Nova Guiné. Os manus apresentam acentuado apego à tradição cultural, sendo uma espécie de versão primitiva do *homo aeconomicus* tal é a dedicação com que cumprem a pontualidade, a regularidade do trabalho, o respeito à propriedade, deixando pouco espaço livre para o ócio e a imaginação. O foco nas crianças levou Mead a experimentar o desenho infantil como uma metodologia inovadora de pesquisa. Mead ainda lança mão da comparação dos manus com, principalmente, os norte-americanos a fim de alargar a compreensão de ambos.

OLIVEIRA, Roberto Cardoso de. *O trabalho do antropólogo*. 2. ed. São Paulo: UNESP-Paralelo 15, 2000.

Roberto Cardoso de Oliveira é, sem dúvida, um dos expoentes da antropologia brasileira, e sua obra inspirou e inspira a nós, antropólogos, e outros pesquisadores do campo das ciências sociais. Nesse livro, o autor reuniu um conjunto de ensaios em três partes que sustentam a sua arquitetura: 1ª) O Conhecimento antropológico, no qual reflete sobre a constituição do conhecimento científico, especificamente a epistemologia das ciências sociais e particularmente o conhecimento produzido pelo exercício da antropologia social e cultural; 2ª) Tradições intelectuais, o autor identifica as raízes das antropologias "periféricas", comparando-as com as "centrais", procurando elucidá-las reciprocamente; 3ª) Etnicidade e moralidade é a última parte do livro, e Oliveira volta sua reflexão para o trabalho do antropólogo circunscrito às questões de etnicidade e de moralidade. Destacamos, dentre os valiosos artigos deste livro, o texto "O trabalho do antropólogo: olhar, ouvir, escrever", em que, a partir de uma aula magistral, Oliveira nos faz pensar sobre a prática da pesquisa de campo como a educação do olhar, do ouvir, do escrever com três atos cognitivos que não se separam e que constituem nosso saber.

ROCHA, Gilmar. TOSTA, Sandra Pereira (Orgs.). *Caminhos da Pesquisa. Estudos em Linguagem, Antropologia e Educação*. Curitiba: CRV, 2012.

O livro reúne um conjunto de textos sobre algumas metodologias usuais e outras que começam a se desenvolver no campo das ciências sociais e humanas com o objetivo de aprofundar o campo de discussões e reflexões epistemológicas em torno das metodologias de pesquisa; apontar tendências que começam a se delinear desde as últimas décadas e retomar estratégias potencialmente produtivas na investigação. Entre elas, debates sobre a educação como cultura e os usos da etnografia na pesquisa educacional.

SILVA, Aracy Lopes; GRUPIONI, Luis Donisete. *A temática indígena na escola – novos subsídios para professores de 1º e 2º graus*. São Paulo: Global.

Este livro reúne artigos de vários autores sobre mais de 200 povos indígenas que habitam o Brasil. Tais artigos examinam as condições necessárias para a construção de relações interétnicas na população brasileira. Um dos grandes méritos da obra é revelar a riqueza e os problemas relativos à educação nas culturas indígenas a partir das experiências etnográficas dos autores.

FONTES MULTIMÍDIA

Periódicos

ANUÁRIO ANTROPOLÓGICO
Revista do Núcleo de Pesquisas Etnológicas Comparadas do Departamento de Antropologia Universidade de Brasília

ANTHROPOLÓGICAS
Revista do Programa de Pós-Graduação em Antropologia Social da Universidade Federal de Pernambuco.

CADERNOS DE CAMPO
Revista dos alunos de Pós-Graduação do Departamento de Antropologia da Universidade de São Paulo.

ENFOQUES
Revista eletrônica dos alunos do Programa de Pós-Graduação em Sociologia e Antropologia do Instituto de Filosofia e Ciências Sociais da Universidade Federal do Rio de Janeiro.

HORIZONTES ANTROPOLÓGICOS
Revista do Programa de Pós-Graduação em Antropologia Social da Universidade Federal do Rio Grande do Sul.

ILHA
Revista de Antropologia Social do Programa de Pós-Graduação em Antropologia Social da Universidade Federal de Santa Catarina

MANA
Estudos de Antropologia Social do Programa de Pós-Graduação em Antropologia Social (Museu Nacional) da Universidade Federal do Rio de Janeiro

PONTOURBE
Revista eletrônica do Núcleo de Antropologia Urbana (NAU) do Departamento de Antropologia da Universidade de São Paulo.

REVISTA DE ANTROPOLOGIA
Revista do Departamento de Antropologia da Universidade de São Paulo

REVISTA BRASILEIRA DE CIÊNCIAS SOCIAIS
Revista da Associação Nacional de Pós-Graduação e Pesquisa em Ciências Sociais (ANPOCS)

REVISTA BRASILEIRA DE EDUCAÇÃO

Revista da Associação Nacional de Pesquisa e Pós-Graduação em Educação (ANPEd).

Sites

Associação Brasileira de Antropologia (ABA)

(www.abant@org.br)

Associação Nacional de Pesquisa e Pós-Graduação em Educação (ANPEd)

(www.anped@org.br)

Encontro Nacional de Didática e Prática de Ensino (ENDIPE)

(www.endipe.org.br)

Filmes e documentários

MARGARET MEAD, UMA OBSERVADORA OBSERVADA
(Margaret Mead, an observer observerd)
Categoria: Documentário
Direção: Virginia Yans-McLaughlin
Produção: EUA
Ano: 1996
Duração: 85'

Sinopse: Fascinante retrato de uma das mulheres mais importantes do século XX, pode-se dizer uma celebridade americana reconhecida mundialmente. Ambientando nos anos 1920 e 1930, o documentário apresenta o contexto histórico-cultural de formação da antropologia, os temas e problemas principais discutidos naquele momento, bem como as experiências etnográficas de Mead nas sociedades primitivas da Nova Guiné, Samoa, Bali e outras. O documentário lança mão de atores para reconstituição de certos diálogos, depoimentos de outros antropólogos, e filmes etnográficos para retratar a "aventura" de uma das maiores antropólogos norte-americana.

MAUSS – SEGUNDO SUAS ALUNAS
Categoria: Documentário
Produção: Núcleo de Antropologia Audiovisual e Estudos da Imagem
Programa de Pós- Graduação em Antropologia Social da Universidade Federal de Santa Catarina

Direção: Carmen Rial; Miriam Grossi
Ano: 2002
Duração: 46'
Sinopse: Trata-se da biografia e das ideias de Marcel Mauss, considerado o fundador da Antropologia francesa, que viveu e escreveu durante a primeira metade do século XX. O documentário foi realizado a partir do depoimento de três de suas alunas, ouvidas em Paris entre os anos de 1987 e 1989, Denise Paulme, Germaine Dietrien e Germalline Tilion.

SOCIEDADE DOS POETAS MORTOS
(Dead poets society)

Categoria: Filme
Produção: EUA
Direção: Peter Weir
Ano: 1989
Duração: 129'
Elenco: Robin Williams, Robert Sean Leonard, Ethan Hawke, Josh Charles, Gale Hansen, Dylan Kussman e Allelon Ruggiero.

Sinopse: Em 1959 na Welton Academy, uma tradicional escola preparatória, um ex-aluno (Robin Williams) se torna o novo professor de literatura, mas logo seus métodos de incentivar os alunos a pensarem por si mesmos cria um choque com a ortodoxa direção do colégio. Principalmente quando ele fala aos seus alunos sobre a secreta "Sociedade dos Poetas Mortos". O filme soa como uma alerta para a violência simbólica que habita as escolas.

A GUERRA DO FOGO
(La guerre du feu)

Categoria: Filme
Produção: Franco-canadense
Direção: Jean-Jacques Annaud
Ano: 1981
Duração: 100'
Elenco: Everett McGill, Rae Dawn Chong, Ron Perlman e Nameer El Kadi.

Sinopse: O filme explora, com base em estudos paleantropológicos, o processo de hominização iniciado há aproximadamente mais de 100 mil anos quando o homem desenvolvia os rudimentos da linguagem. Naquele momento, grupos de hominídeos vagavam pela terra em busca de melhores condições de vida em um meio relativamente adverso. A posse do fogo representou nesse processo uma conquista tão espetacular quanto representou a conquista do espaço em anos recentes. A importância do filme está em estimular nossa imaginação para inúmeras questões relacionadas à formação da cultura humana como, por exemplo, o domínio da técnica de produzir fogo, o processo de aprendizado da linguagem, a padronização dos sentimentos e das emoções, a construção das primeiras habitações e bens culturais. É no encontro dos grupos hominídeos que a cultura humana se desenvolve. Na produção cinematográfica, este filme é, sem dúvida, uma das mais significativas narrativas sobre nosso passado pré-histórico.

1492 – A CONQUISTA DO PARAÍSO
(1492 – Conquest of Paradise)

Categoria: Filme
Direção: Ridley Scott
Produção: EUA / Inglaterra / França / Espanha
Ano:*1992*
Duração: 155'
Elenco:Gérard Depardieu, Armand Assante, Sigourney Weaver, Loren Dean, Ángela Molina, Fernando Rey, Michael Wincott, Tchéky Karyo, Kevin Dunn, Frank LangellA, Mark Margolis, Kario Salem e Arnold Vosloo.

Sinopse: O filme trata de um período de 20 anos da vida de Cristovão Colombo. Acreditando que a terra não era plana, Colombo se lança na aventura de conseguir financiamento da Coroa Espanhola para sua expedição de descoberta de novas terras. O encontro da América resultou em uma grande tragédia, dadas as dificuldades de comunicação com os ameríndios e até o genocídio no qual se transformou a expedição. O comportamento que os europeus tiveram com os habitantes do Novo Mundo foi pautado pela incapacidade de compreensão da diferença e de reconhecimento do outro como ser humano.

Literatura

ANDRADE, Mário de. *Amar, verbo intransitivo*. 16. ed. Belo Horizonte: Villa Rica, 1995.

Ambientando na São Paulo dos anos 1920, o romance narra a estória da "educação sexual" de um adolescente por sua governanta alemã. O pai, um rico empresário a contrata Fräulein Elza para ensinar alemão aos quatro filhos, e o adolescente Carlos acaba se envolvendo sexual e sentimentalmente com a governanta. Embora classificado por Mário de Andrade como idílio, estória de amor leve e poética, trata-se de uma temática forte para os padrões de moralidade da época. Publicado originalmente em 1927, posteriormente o romance seria levado adaptado para o cinema em 1975, com o título de *Lição de amor*, sob a direção de Eduardo Escorel.

DICKENS, Charles. *David Copperfield*. 2. ed. São Paulo: Abril Cultural, 1972.

A Revolução Industrial produziu profundas transformações sociais na vida das grandes cidades inglesas do século XIX. Junto com a opulência e a produção, os movimentos operários, a criminalidade, as doenças, entre outras coisas, tornam-se fenômenos constantes na vida moderna. Charles Dickens deu atenção especial às crianças da Inglaterra miserável da Era Vitoriana. Romance de 1850, David Copperfield narra a história de um órfão que sofre terríveis maus tratos nos internatos, nas fábricas, nas mãos pessoas inescrupulosas e dispostas a explorá-lo. Retrato de uma época que, infelizmente, não parece muito distante da realidade de milhões de crianças no Brasil de hoje. Existe uma versão feita para o cinema (*As aventuras de David Copperfield*), de 1969.

GOETHE, Johann Wolfgang von. *Os anos de aprendizado de Wilhelm Meister*. São Paulo: Ensaio, 1994.

Publicada originalmente em 1796, essa estória obteve reconhecimento social imediato, dando origem a um novo gênero literário: o *Bildungsroman* ou romance de formação. Goethe narra as aventuras do jovem Wilhelm Meister, que contrariando os desejos dos pais sai em viagem com uma trupe de artistas de teatro, condição que o possibilita viver situações inusitadas e com pessoas de lugares e posições sociais diferenciadas. Tais experiências fornecem a base de sua formação voltada para um ideal de vida estético e cultural característico do imaginário romântico do século XVIII/XIX.

POMPÉIA, Raul. *O Ateneu (crônica de saudades)*. 8. ed. São Paulo: Ática, 1984.

Romance "memorialístico", narra a estória de Sérgio e sua experiência dramática no internato O Ateneu. Dirigido pelo severo pedagogo Aristarco, o Ateneu era uma espécie de "instituição total", de disciplina rígida, mas reconhecido nacionalmente como exemplar na educação dos filhos das famílias abastadas. Registro amargo de uma instituição de ensino no Brasil de fins do século XIX. Foi publicado em 1888.

ROUSSEAU, Jean-Jacques. *Emílio ou da educação*. São Paulo: Martins Fontes, 1995.

Considerado por Rousseau como a sua obra mais importante, *Emílio, ou Da Educação*, foi publicado em 1762, mas logo foi proibida e queimada. Contudo, conquistou a atenção dos revolucionários de 1789, servindo de fonte de inspiração para o novo sistema educacional francês. Tratado de filosofia pedagógica, a obra discute não só a natureza humana, mas também a possibilidade de criar uma criança preparando-a para a bondade e para a liberdade. A narrativa é feita na forma de diálogo de Emílio com seu tutor e descreve as estratégias pedagógicas e os ensinamentos filosóficos a serem aplicados na educação das crianças até a vida adulta. Embora não seja propriamente um romance, Emílio ou da educação aproxima-se, de certa forma, da concepção de *Bildungsroman*.

Referências

ARAÚJO, R. B. *Nossa história*, ano 1, n. 3, jan. 2004.

ARIÈS, P. *História social da criança e da família*. 2. ed. Rio de Janeiro: Guanabara, 1986.

AUZIAS, J-M. *A antropologia contemporânea*. São Paulo: Cultrix, 1978.

BAUDELAIRE, C. *As Flores do Mal*. 2. ed. São Paulo: Max Limonad, 1985.

BENEDICT, R. *Padrões de cultura*. Lisboa: Livros do Brasil, s.d.

BENJAMIN, W. *Obras escolhidas III: Charles Baudelaire – um lírico no capitalismo*. 3. ed. São Paulo: Brasiliense, 1994.

BERREMAN, G. et al. Por detrás de muitas máscaras. In: ZALUAR, A. (Org.). *Desvendando máscaras sociais*. 2. ed. Rio de Janeiro: Francisco Alves, 1980.

BOAS, F. *Antropologia cultural*. CASTRO, C. (Org.). Rio de Janeiro, Jorge Zahar, 2004.

BOAS, F. *Cuestiones fundamentales de antropologia cultural*. Buenos Aires: Lautaro, 1947.

BOGDAN, R.; BIKLEN, S. *Investigação qualitativa em educação – uma introdução à teoria e aos métodos*. Porto: Porto Editora, 1994.

BOSI, A. *Dialética da colonização*. São Paulo: Companhia das Letras, 1993.

BRANDÃO, C. R. *Educação como cultura*. São Paulo: Mercado de Letras, 2002.

CALDEIRA, A. M. S.; TOSTA, S. F. P. Educação, cotidiano escolar e diferença cultural: pensando a educação na dinâmica social contemporânea. In: VI COLÓQUIO DE PESQUISA EM EDUCAÇÃO – DEZ ANOS DE MESTRADO, DEZ ANOS DE PESQUISA EM EDUCAÇÃO. Programa de Pós-Graduação em Educação. Belo Horizonte: PUC Minas, 2008. (CD-ROM).

CAMILLERI, C. *Antropología y educación*. Paris: UNESCO: Presses Centrales, 1985.

CARDOSO, S. O olhar dos viajantes. In: NOVAES, A. (Org.). *O olhar*. São Paulo: Companhia das Letras: 1988. p. 347-365.

CARVALHO, A. P. *Adolescência(s) – apropriação e usos de espaços/tempos escolares externos aos espaços/tempos de sala de aula: um estudo de caso em uma escola pública da rede municipal de Contagem/MG*. Programa de Pós-Graduação em Educação - Pontifícia Universidade Católica de Minas Gerais, 2008.

CLIFFORD, J. Colecionando arte e cultura. *Revista do Patrimônio Histórico Artístico Nacional*, n. 23, p. 69-89, 1994.

CONSORTE, J. G. Culturalismo e educação nos anos 50: o desafio da diversidade. In: GUSMÃO, N. M. Antropologia e educação: interfaces do ensino e da pesquisa. *Cadernos CEDES*, n. 43, p. 26-37, 1997.

COPANS, J. *Críticas e políticas da antropologia*. Lisboa: Ed. 70, 1981.

DAMATTA, R. *Conta de mentiroso – sete ensaios de antropologia brasileira*. Rio de Janeiro: Rocco, 1993a.

DAMATTA, R. *Explorações – ensaios de sociologia interpretativa*. Rio de Janeiro: Rocco, 1986

DAMATTA, R. Reflexões sobre a interdisciplinaridade – uma perspectiva antropológica. *Tempo Brasileiro*, 113, p. 35-58, 1993b.

DAMATTA, R. *Relativizando – uma Introdução à antropologia social*. Rio de Janeiro: Rocco, 1987.

DUARTE, P. S. O que seraut será? In: NOVAES, A. (Org.). *O olhar*. São Paulo: Companhia das Letras, 1988. p. 247-255.

DURHAM, E. A pesquisa antropológica com populações urbanas: problemas e perspectivas. In: CARDOSO, R. (Org.). *A aventura antropológica – teoria e pesquisa*. 2. ed. Rio de Janeiro: Paz e Terra, 1988. p. 17-37.

ELIAS, N. *O processo civilizador – uma história dos costumes*. Rio de Janeiro: Jorge Zahar, 1990. v. 1.

ESTERCI, N. *et al*. (Orgs.). *Fazendo antropologia no Brasil*. Rio de Janeiro: DP&A, 2001.

EVANS-PRITCHARD, E. E. *Antropologia social*. Lisboa: Ed. 70, 1985.

EVANS-PRITCHARD, E. E *Bruxaria, oráculos e magia entre os azande*. Rio de Janeiro: Zahar, 1978a.

EVANS-PRITCHARD, E. E. *Os nuer – uma descrição do modo de subsistência e das instituições políticas de um povo nilota*. São Paulo: Perspectiva, 1978b.

FERREIRA, L. C. P. Atrevida e Toda Teen. In: *Reflexo e refração: da linguagem fotográfica publicitária sobre moda à produção de subjetividades nas práticas escolares*. Dissertação (Mestrado) – Universidade Federal Fluminense, Faculdade de Educação, 2008.

FORQUIM, J.-C. *Sociologia da educação – 10 anos de pesquisa*. Rio de Janeiro: Vozes, 1995.

FOUCAULT, M. *As palavras e as coisas – uma arqueologia das ciências humanas*. 4. ed. São Paulo: Martins Fontes, 1987.

FRAZER, *Sir* J. G. O escopo da antropologia social. In: CASTRO, C. (Org.). *Evolucionismo cultural*. Rio de Janeiro: Jorge Zahar, 2005. p. 101-127.

FREIRE, L. F. C. *Cá entre nós! Deixa que eu seja eu: um estudo sobre usos que alunos do Colégio Imaculada Conceição de Montes Claros-MG, fazem do uniforme escolar*. 2004. Dissertação (Mestrado em Educação). Programa de Pós-Graduação em Educação, Pontifícia Universidade Católica de Minas Gerais, Belo Horizonte, 2004.

GAUGUIN, P. *Noa Noa*. São Paulo: Max Limonad, 1982.

GEERTZ, C. *A interpretação das culturas*. Rio de Janeiro: LTC, 1989.

GEERTZ, C. *O saber local – novos ensaios em antropologia interpretativa*. Petrópolis: Vozes, 1998.

GIROUX, H. *Pedagogia Radical* – subsídios. São Paulo: Cortez, 1983.

GIUMBELLI, E. Para além do "Trabalho de Campo": reflexões supostamente malinowskianas. *Revista Brasileira de Ciências Sociais*, v. 17, n. 48, São Paulo, fev. 2002.

REFERÊNCIAS

GOLDMAN, M. *Como funciona a democracia – uma teoria etnográfica da política*. Rio de Janeiro: 7 Letras, 2006.

GOMES, A. M. O processo de escolarização entre os xakriabá: explorando alternativas de análise na antropologia da educação. *Revista Brasileira de Educação*, Rio de Janeiro, v. 11, n. 32, maio/ago. 2006.

GONÇALVES, J. R. *Antropologia dos objetos: coleções, museus e patrimônios*. Rio de Janeiro: Garamond, 2007.

GRIMSHAW, A. *The ethonographer's eye – ways of seeing in modern anthropology*. Cambridge University Press, 2001.

GUIUCI, G. *Viajantes do maravillhoso – o novo mundo*. São Paulo: Companhia das Letras, 1992.

GUSMÃO, N. M. Antropologia e educação: origens de um diálogo. In: MARIA, N. Antropologia e educação: interfaces do ensino e da pesquisa. *Cadernos CEDES*, n. 43, p. 08 - 27, 1997.

KAPLAN, D; MANNERS, R. *Teoria da cultura*. 2. ed. Rio de Janeiro, Zahar, 1981.

KUPER, A. *Antropólogos e antropologia*. Rio de Janeiro: Francisco Alves, 1978.

LANTERNARI, V. Sentidos. In: *Enciclopédia Einaudi 36: Vida/Morte – Tradições/Gerações*. Lisboa: Imprensa Nacional – Casa da Moeda, 1997, p. 61-96.

LEACH, E. Natureza/Cultura. In: *Enciclopédia Einaudi 5: Anthropos-Homem*. Lisboa: Imprensa Nacional – Casa da Moeda, 1985, p. 67-101.

LÉVI-STRAUSS, C. *Antropologia estrutural*. Rio de Janeiro: Tempo Brasileiro, 1967.

LÉVI-STRAUSS, C. *Tristes trópicos*. Lisboa: Ed. 70, 1979.

LÉVI-STRAUSS, C. Totemismo hoje. In: *A noção de estrutura em etnologia; raça e história; totemismo hoje*. 2. ed. São Paulo: Abril Cultural, 1980. p. 89-181. (Os Pensadores).

LINTON, R. *O homem – uma introdução à antropologia*. 11. ed. São Paulo: Martins Fontes, 1981.

MARCO POLO. *As viagens de Marco Polo*. Lisboa: Europa-América, s.d.

MALINOWSKI, B. *Argonautas do Pacífico Ocidental – um relato do empreendimento e da aventura dos nativos nos arquipélagos da Nova Guiné (Melanésia)*. 2. ed. São Paulo: Abril Cultural, 1978.

MALINOWSKI, B. *Uma teoria científica da cultura*. 3. ed. Rio de Janeiro: Zahar, 1975.

MAUSS, M. *Sociologia e antropologia*. São Paulo: Cosac & Naify, 2003.

MEAD, M. *Sexo e temperamento*. 2. ed. São Paulo: Perspectiva, 1976.

MEDEIROS, R. (Org.). *A escola no singular e no plural – um estudo sobre violência e drogas nas escolas*. Belo Horizonte: Autêntica, 2006.

MERLEAU-PONTY, M. De Mauss a Claude Lévi-Strauss. In: *Textos selecionados*. São Paulo: Nova Cultura, 1980. p. 141-154.

MELO, P. E. *Na urdidura da história, vozes de mulheres-professoras: compondo identidades de gênero, Santo do Monte (1950-1990)*. Dissertação (Mestrado em Educação) – Instituto de Ciências Humanas/Departamento de Educação, Pontifícia Universidade Católica de Minas Gerais, 2002.

MONTAIGNE, M. Dos canibais. In: *Ensaios*. 2. ed. São Paulo: Abril Cultural, 1980, pp. 100-106.

MONTERO, P. Globalização, identidade e diferença. *Novos Estudos CEBRAPI*, São Paulo, n. 49, nov. 1997.

MORAIS, R. *Filosofia da ciência e da tecnologia – introdução metodológica e crítica*. 5. ed. Campinas: Papirus, 1988.

MORIN, E. *O paradigma perdido – a natureza humana*. 4. ed. Portugal: Europa-América, s.d.

NEVES, J. *Idéias filosóficas no barroco mineiro*. Belo Horizonte: Itatiaia; São Paulo:Edusp, 1986.

NOVAES, A. De olhos vendados. In: NOVAES, A. (Org.). *O olhar*. São Paulo: Companhia das Letras, 1988. p. 9-20.

OLIVEIRA, R. C. Introdução a uma leitura de Mauss. In: *Mauss – antropologia*. (Org.) FERNANDES, F. São Paulo, Ática, 1979.

OLIVEIRA, R. C. *O trabalho do antropólogo*. 2. ed. São Paulo: UNESP; Paralelo 15, 2000.

OLIVEIRA, R. C. *Sobre o pensamento antropológico*. Rio de Janeiro: Tempo Brasileiro, 1988.

ORTIZ, R. *Cultura brasileira e identidade nacional*. 2. ed. São Paulo: Brasiliense, 1986.

REAL INSTITUTO DE ANTROPOLOGIA DA GRÃ-BRETANHA E DA IRLANDA. *Guia prático de antropologia*. São Paulo: Cultrix, 1973.

RAMALHO, M. N. *"Bendito é o fruto entre as mulheres": um estudo sobre professores que atuam nas séries iniciais do ensino fundamental na região Norte de Minas Gerais*. Dissertação (Mestrado em Educação) – Instituto de Ciências Humanas/Departamento de Educação, Pontifícia Universidade Católica de Minas Gerais, 2002.

ROCHA, G. Culturas e personalidades – as experiências etnográficas de Ruth Benedict e Margaret Mead nos anos 20-40. *Cadernos de Estudos Sociais*, v. 20, n. 1, p. 107-128, 2004.

ROCHA, G. A Etnografia como categoria de pensamento na antropologia moderna. *Cadernos de Campo*, USP, n. 14/15, 2006.

RODRIGUES, J. C. *Antropologia e comunicação – princípios radicais*. Rio de Janeiro: Espaço e Tempo, 1989.

ROUANET, S. P. O olhar iluminista. In: NOVAES, A. (Org.). *O olhar*. São Paulo: Companhia das Letras, 1988. p. 125-148.

ROUSSEAU, J.-J. Discurso sobre a origem e os fundamentos da desigualdade entre os homens. In: *Do contrato social; ensaio sobre a origem das línguas; discurso sobre a origem e os fundamentos da desigualdade entre os homens; discurso sobre as ciências e as artes*. 2. ed. São Paulo: Abril Cultural, 1978. p. 201-320.

ROUSSEAU, J-J. *Emílio ou da educação*. São Paulo: Martins Fontes, 1995.

ROWLAND, R. *Antropologia, história e diferença – alguns aspectos*. 2. ed. Porto: Ed. Afrontamento, 1987.

SAHLINS, M. *Ilhas de história*. Rio de Janeiro: Jorge Zahar, 1990.

SAHLINS, M. O "pessimismo sentimental" e a experiência etnográfica – por que a cultura não é um "objeto" em via de extinção (Parte I). *Mana – Estudos de Antropologia Social*, v. 3, n. 1, 1997a, p. 41-73.

SAHLINS, M. O "pessimismo sentimental" e a experiência etnográfica – por que a cultura não é um "objeto" em via de extinção (Parte II). *Mana – Estudos de Antropologia Social*, v. 3, n. 1, 1997b, p.103-150.

REFERÊNCIAS

SAPIR, E. Cultura "Autêntica" e "Espúria". In: PIERSON, D. (Org.). *Estudos de organização social – tomo II: leituras de sociologia e antropologia social.* São Paulo, Martins, 1946. p. 282-311.

SEEGER, A. *Os índios e nós – estudos sobre sociedades tribais brasileiras.* Rio de Janeiro: Campus, 1980.

SEEGER, A; DAMATTA, R.; VIVEIROS DE CASTRO, E. B. A construção da pessoa nas sociedades indígenas brasileiras. In: OLIVEIRA FILHO, J. P. (Org.). *Sociedades indígenas e indigenismo no Brasil.* Rio de Janeiro: UFRJ; Marco Zero, 1987. p. 11-29.

SERULLAZ, M. *O impressionismo.* São Paulo: Difel, 1965.

SILVA, W. *Homens na roda: vivências e interações corporais nas séries iniciais da educação básica.* Dissertação (Mestrado em Educação) – Instituto de Ciências Humanas/Departamento de Educação, Pontifícia Universidade Católica de Minas Gerais, 2006.

SODRÉ, M. *A verdade seduzida – por um conceito de cultura no Brasil.* Rio de Janeiro: Codecri, 1983.

SPERBER, D. *O saber dos antropólogos.* Lisboa: Ed. 70, 1992.

STOCKING JR., G. Introdução: os pressupostos básicos da antropologia de Boas. In: BOAS, F. *A formação da antropologia americana (1883-1911) – antologia.* Rio de Janeiro, UFRJ; Contraponto, 2004, p. 15-38.

TOSTA, S. F. P. Antropologia e educação: tecendo diálogos. *Educação – Revista do Departamento de Educação da PUC Minas,* v. 1, n. 4, 1999.

TOSTA, S. F. P. Os usos da etnografia na pesquisa educacional. *Relatório de pesquisa.* PUC Minas, 2007.

TOSTA, S. F. P. Sociabilidades contemporâneas – jovens em escolas. In: PEIXOTO, A. M. C. *et al. A escola e seus atores.* Belo Horizonte: Autêntica, 2005.

TOSTA, S. P.; ROCHA, G. Etnografia para a América Latina - um olhar sobre a escola no Brasil. *Projeto de Pesquisa.* Belo Horizonte: PUC Minas/Fapemig, 2009.

TYLOR, E. B. A ciência da cultura. In: CASTRO, C. (Org.). *Evolucionismo cultural.* Rio de Janeiro: Jorge Zahar, 2005, p. 67-99.

VALENTE, A. L. Usos e abusos da etnografia na educação. *Pro-Posições.* v. 7, n. 2 [20], 54-64, jul. 1996.

VAN VELSEN, J. A análise situacional e o método de estudo de caso detalhado. In: FELDMAN-BIANCO, B. (Org.). *Antropologia das sociedades contemporâneas – métodos.* São Paulo, Global, 1987, p. 345-374.

VYGOTSKY, Lev. *Formação social da mente: o desenvolvimento dos processos psicológicos superiores.* 3. ed. São Paulo: Martins Fontes, 1989.

VELHO, G. Observando o familiar. In: *Individualismo e cultura – notas para uma antropologia da sociedade contemporânea.* Rio de Janeiro: Jorge Zahar,1987.

WEBER, Max. A "objetividade" do conhecimento nas ciências sociais. In: *Sociologia.* COHN, G. (Org.). São Paulo: Ática, 1986. p. 79-127.

WILLIAMS, R. *Cultura e sociedade: 1780-1950.* São Paulo: Nacional, 1969.

Sobre os autores

Gilmar Rocha

É doutor em Antropologia Cultural pelo Instituto de Filosofia e Ciências Sociais da Universidade Federal do Rio de Janeiro. Atualmente é professor do Departamento de Artes e Estudos Culturais (RAE) da Universidade Federal Fluminense (UFF). Atua nas áreas de Teoria Antropológica, Simbolismo Corporal, Pensamento Social Brasileiro e Cultura Popular. Nos últimos anos tem realizado pesquisas sobre educação, religiosidade popular e patrimônio cultural. Publicou *O Rei da Lapa – Madame Satã e a Malandragem Carioca* (7 Letras, 2004); Mauss & a educação. Belo Horizonte, Autêntica, 2011; participou ainda da organização de Etnografia e educação- culturas escolares, formação e sociabilidades juvenis e infantis. Rio de Janeiro, Lamparina, 2012; e, Caminhos da pesquisa – estudos em antropologia, linguagem e educação. Curitiba, CRV, 2012. No prelo, A magia do circo – etnografia de uma cultura viajante. Rio de Janeiro, Lamparina, 2013.

Sandra Pereira Tosta

É docente titular da Pontifícia Universidade Católica de Minas Gerais (PUC Minas), onde se graduou em Comunicação Social (Relações Públicas e Jornalismo). É mestre em Educação pela UFMG e doutora em Antropologia Social pela USP. Atua como pesquisadora/professora no Programa de Pós-Graduação em Educação, Faculdade de Comunicação e Artes e Departamento de Educação da PUC Minas, nas áreas de Teoria Antropológica; Antropologia e Educação; Educação e Culturas; Mídia e Educação e Metodologia de Pesquisa.

Coordena o Grupo de Estudos e Pesquisas em Educação e Culturas (EDUC). É autora do livro *Pedagogia e Comunicação no registro da liberdade* (Ed. PUC Minas, 2005) e coautora dos livros: Mídia e Educação (Autêntica, 2009). É co-organizadora dos seguintes livros: *Bernardino Leers: um jeito de viver – Religião, Sociedade e Política* (Vozes, 2000), *Educação, Cidade e Cidadania – Leituras de experiências socioeducativas* (Ed. PUCMinas/Autêntica, 2006); Caminhos da Pesquisa – Estudos em antropologia, linguagem e educação (CRV, 2012) e Etnografia e Educação – culturas escolares, formação e sociabilidades juvenis e infantis (Lamparina, 2012). Coordena e Organiza a Coleção "Cultura, Mídia e Escola". (Autêntica).

Este livro foi composto com tipografia Garamond-Light e
impresso em Papel Natural 70 g/m² na Artes Gráfica Formato.